なぜ
マッキンゼー
の人は
年俸1億円
でも辞める
のか?

田中裕輔
株式会社ジェイド代表取締役

東洋経済新報社

はじめに

「田中さんのマッキンゼーでの経験を書きませんか？」

東洋経済新報社の清末真司さんから提案をされた時、僕は正直、悩んだ。今の僕の立場は靴の通販サイト「ロコンド」を運営する株式会社ジェイドの代表取締役。何故、今、ロコンドのことではなくマッキンゼーのことを書く必要があるのか。取引先だけではなく社員や株主からも、そして現マッキンゼー社員からもこのような疑問を呈されるのではないかと懸念した。また単に売れそうだからという理由で本を出版するのは気が引けた。

それでも筆を執ろうと思った理由は、僕のマッキンゼーでの自己変革体験を書くことが「インパクト志向」を皆と共有していく上で重要ではないかと考えたからである。今の僕の全てはマッキンゼーが教えてくれたものと言っても過言ではない。いわゆるマッキンゼー流の思考方法だけではなく、「日本にインパクトを与えたい」という志もマッキンゼーが教えてくれた。僕は大学生の時、勉強にも部活にもアルバイトにも何にも打ち込まない、極めて無気力な「ダメ大学生」だった。また自分の利害だけ考えて「日本を良くするのは政治家や社長が頑張ってくれれば良い」と考える、典型的な無責任人間だった。そんな僕のことを根本から叩き直してくれたのがマッキンゼーだったのである。

この「インパクト志向」を1人でも多くの同世代の人間たちと共有したい。一部のスポーツ選手が世界に羽ばたくのを皆で応援するだけではなく、政治や経済の世界でも各個人が「インパクト」に責任を負うような世界を実現したい。そしてそんな彼らと切磋琢磨しながら皆で「インパクト」を実現していきたい。このような想いを実現するためには、僕の価値観が形成された実体験を記すのは意味があると考えるに至ったのである。

またマッキンゼーという会社が世間では誤解されているのも歯痒かった。この本を書いている今も、大阪維新の会にマッキンゼー出身者が多いことが一部では取り上げられている。その中では「大阪維新の会がアメリカ資本に侵略された」というような、全くもって的を射ていない批判も繰り広げられている。どうすればこの日本を、そしてこの世界を良くできるのか、それを愚直に考えてインパクトに貢献できる人材を教育し輩出しているのがマッキンゼーである。マッキンゼーのような「青臭い会社」が世の中に一つでも増えて欲しい。こんな想いを実現するためにも、マッキンゼーという会社そのものを描いていくのは意義があると思えた。

本書は僕と同世代の若手ビジネスマンを対象に書いたが、これから社会に進出する大学生にも読んで欲しい。また人生の諸先輩方にも読んでいただき、草食男子だのゆとり世代だのと言われる世代の中にも「インパクト志向」の人間がいることを知ってもらい、インパクトの実現を助けてもらえれば幸いである。

なお、本書は『なぜマッキンゼーの人は年俸1億円でも辞めるのか?』と刺激的な題名になっているが、内容はあくまで僕の個人的な見解に基づいていること、また僕はパートナー(役員)になる前にマッキンゼーを卒業したため、パートナーが実際に幾ら給与をもらっているのかは知らないことだけは最後に注意しておきたい。

2012年5月

田中　裕輔

目次

第1章 「戦略」との出会い

第2章 士官訓練校マッキンゼー

カバーデザイン▼石間淳　カバー写真▼トニー・タニウチ　本文DTP▼寺田祐司

序章

なぜ今、マッキンゼーを書こうと思ったか

マッキンゼーが変えてくれたこと

２０１１年2月、僕は株式会社ジェイドの代表取締役に就任した。事業内容は靴を中心にバッグやアパレルも取り扱うファッション通販サイト「ロコンド」の運営。通販サイト自体には目新しさはない。しかし送料だけでなく、返品も99日間無料で自由。従って「家で好きなだけ試着できる」のが新たなコンセプトである。

「通販サイトで服を買いたいけど合わなかったらどうしよう……」と躊躇するお客様は少なくない。僕自身、あるウェブサイトで返品をしたら返品送料だけで１３００円も取られて「二度と買うものか」と思った経験がある。こんなお客様の不満を解消するべく、僕が代表取締役に就任した翌日、ロコンドは本格的にサービスを開始した。

通販サイトにはそれぞれ「提供価値」がある。楽天ならば「安さ」、アマゾンならば「便利さ」。しかし「サービス」を提供価値とする通販サイトはこの日本には存在していない。消費者は通販サイトには「サービス」を求めないのか。パソコンや携帯で簡単に安いものが買えれば、それで満足しているのだろうか。否、消費者はたとえ通販サイトであっても「サービス」を求めている。これが今、僕が検証している「仮説」だ。送料無料・返品無料も一つのサービスだし、無料の翌日便もサービスである。また段ボール箱（写真1）やギフトカードにもトコトンこだわって、プレゼント需要にも応えられるようにした。

更に極めつけは、無料の「コンシェルジュ」サービス。従来の電話受付は、注文の到着状況を確認する程度の極めて無味乾燥のものだった。そうではなく、リアル店舗でお客様がショップ店員と色々な話をするような場を通販サイトでも築き上げたい。この「おもてなし」を実現するためのコンシェルジュ・サービス（次ページ写真2）なのである。コンシェルジュは「プロのおもてなし部隊」であるため、マニュアルも無ければ、通話時間で管理されることもない。そこにはただ一つの使命、「お客様に満足してもらう」ことしか存在しないのである。

写真1●プレゼント需要にも応えられるロコンドの段ボール箱

当社がこのサービスを始めてから、他のファッション通販サイトもコンシェルジュ・サービスを始めたが、そう簡単に模倣できないだろう。名称を変えるだけでは何も変わらない。制度や文化などあらゆるものを「顧客志向」にしなければ、このコンシェルジュ・サービスは実現できないのである。

このように「サービス」に徹底的にこだわった結果、本格開始の翌月には月商1億円を超え、9月には月間訪問者数が100万人を超えた。この訪問者数は当時の国内ファッションEC（通販雑誌などは除く）ではゾゾタウン、丸井WEBに次ぐ第3位にあたる（図1）。更に2011年秋冬シーズンはリピート注文数が毎月20％以上成長するなど、お客様に満足していただいていることを肌で実感すると共にその責任を強く感じる毎日である。

写真2●「おもてなし」を実現するためのコンシェルジュ・サービス

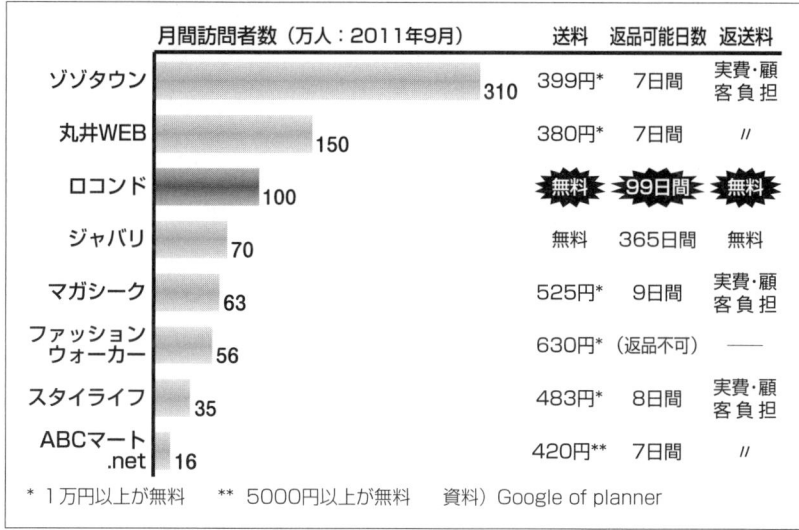

図1●国内ファッションECサイト（通販雑誌のサイトは除く）比較

	月間訪問者数（万人：2011年9月）	送料	返品可能日数	返送料
ゾゾタウン	310	399円*	7日間	実費・顧客負担
丸井WEB	150	380円*	7日間	〃
ロコンド	100	無料	99日間	無料
ジャバリ	70	無料	365日間	無料
マガシーク	63	525円*	9日間	実費・顧客負担
ファッションウォーカー	56	630円*	（返品不可）	——
スタイライフ	35	483円*	8日間	実費・顧客負担
ABCマート.net	16	420円**	7日間	〃

* 1万円以上が無料　** 5000円以上が無料　資料）Google of planner

僕は大学生の時、自分が30歳で会社の代表になるなどとは思ってもいなかった。起業する人は「起業家家庭」に生まれた人。孫正義ソフトバンク社長も柳井正ファーストリテイリング社長も親が起業家なので、「サラリーマン家庭」の僕には関係のない世界だと思っていた。僕の父親は銀行員で母親は専業主婦。決して大金持ちではないが、僕と弟を中学校から私立に行かせてくれただけでなく、休みのたびに色々な所に旅行に連れていってくれた。父親は休みの日にはキャッチボールに付き合ってくれたし、中学受験の時は勉強も教えてくれた。母親は僕や弟が寂しい思いをしないよう、学校から帰ってきた時はいつだって家にいてくれた。こんな何不自由ない生活を送れたのは父親が銀行員として働いてくれていたお陰だった。そのため、中学生の頃から僕の夢は「一流企業に就職すること」だった。

こんなサラリーマン志向の僕がなぜ、ベンチャー企業を共同創業するに至ったのか。その理由は「マッキンゼー」に他ならない。僕は海外留学期間も含めると、合計8年間マッキンゼーに所属した。そこでは頭の使い方だけでなく、先輩・同期・後輩から多くの価値観を学んだ。**「寄らば大樹の陰」の思考を捨てること。そして自らがリーダーシップを発揮して日本や世界に対してインパクト（変革）を与えること。**これこそが僕がマッキンゼーの中で学んだ価値観である。

ロコンドのビジネスモデルは「ガッチリ儲かる」ビジネスとは言えない。送料だけでなく返品送料も会社が負担するので、利益率は決して高くない。それでもいい。日本全国のお客様に「楽しくて便利なお買い物」を提供するというインパクトを実現したい。そんな目標のもと、僕は今も走り続けている。

各界で活躍するマッキンゼー出身者

高い志をもって活躍しているマッキンゼー卒業者は枚挙に暇がない（19ページ図2）。例えば今や変革の代名詞とも言える、橋下徹大阪市長率いる「大阪維新の会」。このプロジェクトには多くのマッキンゼー出身者が携わっている。その中でもブレーンの1人として活躍するのは、**上山信一慶應義塾大学教授**。上山さんは大阪ダブル選挙の何年も前から大阪の変革に取り組んでいて、大きな変革に向けて着実に進んでいる。僕は上山さんとは何度かメール交換をさせていただいたぐらいしか面識はないが、くだらない批判に対して関西弁でバッサバッサと切り捨てていく姿は非常に清々しい。

なお、大阪維新の会にマッキンゼー出身者が多いことを受けて「外資系の連中が大阪をアメリカ化しようとしている」と批判する声を聞くが、これは見当違いも甚だしい。彼らのほとんどは既に外資とは無関係であるし、マッキンゼーで働いていた時も「マッキンゼー本社のために日本で稼いでいる」感覚はゼロだった。確かに登記上はマッキンゼーの本社はアメリカだが、マッキンゼーには本社・支社という概念は無い。世界中のオフィスが並列関係にあって、社長も幹部も世界中のオフィスから平等に選出される。ニューヨークオフィスの人間が社長に選ばれればニューヨークの彼の部屋がいわゆる社長室になるし、ロンドンオフィスの人間ならばロンドンオフィスに社長室があることとなる。もちろん東京オフィスから社長が選出されれば、世界のマッキンゼーの社長は日本にいることとなる。このような**「ワン・ファーム」コンセプト**に基づいて働いているマッキンゼーの人間からすると「外資が日本で荒稼ぎしようとしている」なんて批判はあまりにもアホらしいのである。

しかしマッキンゼーと言えばやはり政治ではなく「経営」。この世界で活躍するマッキンゼー出身者の数は計り知れない。僕が面識のある人に絞っても、まず、マッキンゼー出身の起業家として最も成功している人と言えば、**南場智子ディー・エヌ・エー創業者**。今や横浜ベイスターズ球団の買収でその名を轟かせたが、僕がお世話になったのはその報道の約1年前。MBA留学中および留学後の「レンタル移籍期間」中、ディー・エヌ・エーのアメリカ支社で働かせてもらった。南場さんと直接話をする機会は数回だったが、その

図2●マッキンゼー・アンド・カンパニー・インク・ジャパン出身者*

名前（敬称略）	現職
安達保	カーライルジャパン共同代表
伊藤賢司	株式会社DBMG代表取締役兼社長
伊藤良二	慶應義塾大学大学院政策・メディア研究科教授
上山信一	慶應義塾大学総合政策学部教授
後正武	東京マネジメントコンサルタンツ代表取締役
江端貴子	衆議院議員
大石佳能子	メディヴァ代表取締役社長
大前研一	ビジネス・ブレークスルー代表取締役
及川直彦	電通ネットイヤーアビーム代表取締役
勝間和代	著述家、評論家
川鍋一朗	日本交通株式会社代表取締役
川本裕子	早稲田大学大学院ファイナンス研究科教授
木曽健一	元ユニゾン・キャピタル パートナー（故人）
木南陽介	リサイクルワン代表取締役
小暮真久	NPO法人TABLE FOR TWO代表理事
小沼大地	NPO法人クロスフィールズ代表理事
斎藤顕一	フォアサイト・アンド・カンパニー代表取締役
佐藤弘志	ブックオフコーポレーション代表取締役社長
炭谷俊樹	ラーンネット・グローバルスクール代表、ビジネス・ブレークスルー講師
高島宏平	オイシックス代表取締役
高橋俊介	慶應義塾大学大学院政策・メディア研究科教授
田中裕輔	ジェイド代表取締役
並木裕太	フィールドマネージメント代表取締役
南場智子	ディー・エヌ・エー取締役
西田在賢	静岡県立大学経営情報学部教授
西山浩平	エレファントデザイン代表取締役社長
波頭亮	ぴあ総合研究所所長
平野正雄	元カーライルジャパン共同代表
藤井清孝	ベタープレイス・ジャパン代表取締役社長兼アジアパシフィック代表
堀新太郎	ベインキャピタル・ジャパン会長
三村真宗	コンカー代表取締役社長
茂木敏充	衆議院議員、内閣府特命担当大臣（金融）行政改革担当/公務員制度改革担当
森祐治	シンク代表取締役、慶應義塾大学及び九州大学講師
安田隆二	一橋大学大学院国際企業戦略研究科教授
山田淳	フィールド&マウンテン代表取締役
横山禎徳	オリックス、三井住友フィナンシャルグループ、三井住友銀行社外取締役、東京大学EMP企画・推進責任者
渡辺千賀	経営コンサルタント、株式会社「Blueshift Global Partners」社長

* Wikipediaのリストの中からマッキンゼー日本法人出身者のみを抽出
出所：Wikipedia (2012.4.2)

人柄は圧巻だった。2回目に会った時には「ユウスケさー」とあたかも友人のように話し掛けてくる親しみやすさと、会議中には誰であろうと猛烈なプレッシャーを与えてくる厳しさを兼ね備えている人だった。

ディー・エヌ・エーの主要事業であるモバゲータウンに対する批判は絶えない。子供の射幸心を煽っている、競合のゲーム内容をパクっている……。これらの批判が全て間違っているとは思わない。しかしながら南場さんが築き上げたディー・エヌ・エーという素晴らしい会社に対してはもっと賞賛されるべきである。彼らは競合よりもいち早く海外展開に取り組んだ。その結果、他の会社にいたら海外で働くことなど1ミリも考えていなかった若者達に「日本のサービスを海外に展開する」という野心を芽生えさせたのだ。ディー・エヌ・エーの社員は皆、猛烈に働くし、野心的だ。こんな会社を作ったこと自体、大きなインパクトなのである。

プロフェッショナル経営者として尊敬する1人目は**小森哲郎前カネボウ社長**だ。小森さんはカネボウだけでなくアスキーの社長なども歴任し、「ターンアラウンド」[1]のプロとして複雑骨折中の企業を見事に復活させた。小森さんとは一度、食事をご一緒させていただいたが、南場さん同様、初対面から「グッと人を惹きつけてくる」人。お酒が入ったせい

注1　業績が悪化もしくは伸び悩んでいる企業の事業内容や財務体質をテコ入れし、改善すること。

もあったが、僕が初対面にもかかわらず「2次会にも連れて行ってくれませんか……」なんてお願いをした程の親しみやすさとエネルギーに満ち溢れている。

日本においては未だに「プロ経営者」は少ない。起業家や経営者として成功している人ならばいるが、プロとして幾つもの会社に「活気」を注入することのできる人は、今の日本では小森さんだけではないだろうか。ちなみに食事をご一緒させていただいたその当時、僕は「迷える子羊」だった。今後、どんな風なキャリアパスをたどればいいのか、1年間以上悩んでいた。そんな僕にビシッと進むべき道を示して下さったのも小森さんで、僕はその御恩は今でも忘れられない。

小森さんとの食事会をセッティングしていただいた**加藤智治さん**もインパクトを生み出しているマッキンゼー出身の経営者の1人。**加藤さんは現在、回転寿司チェーンの「あきんどスシロー」で専務**を務めている。加藤さんは、最近、テレビによく出る坊主頭の豊崎賢一社長と二人三脚で順調に店舗数を増やし、あきんどスシローを日本最大の回転寿司チェーンへと押し上げたのである。「一皿100円で美味しい寿司をお腹一杯食べられる」。こんな幸せを日本中に広げる仕事は最高に楽しいし、やりがいがある。

僕は加藤さんとはマッキンゼー在籍中に近くの席だったこともあったが、仕事を一緒にしたことは無かった。初めて一緒に仕事をしたのは、僕がMBAに留学していた時。MBAの夏休みは長く、その間はインターンとして働くのが通例だが、僕はそのうち10週間は日本に戻ってユニゾン・キャピタルで働いた。ユニゾン・キャピタルはあまり表には出て来ないので知らない人も多いと思うが、彼らは未公開企業に対してマジョリティ投資を実施する**「プライベート・エクイティ」ファンド**[2]である。

加藤さんは僕より3年前に**ビジネス・アナリスト**[3]として入社し、すぐに頭角を現した「伝説の人」だった。アメフトで鍛えたガタイの良さだけでなくそのリーダーシップや実行力はずば抜けていて、僕が入社した当時は「え、こんな人がたった3年上の先輩⁉ 俺、やっていけるのかよ……」と強い不安を感じたものである。

加藤さんは当初はユニゾン・キャピタルのマネジメント・アドバイザーで、いわば「外部の人間」としてあきんどスシローの経営改革に携わっていたが、後にユニゾン・キャピタルを辞めてあきんどスシローに飛び込んでいった。そして経営改革を次々と成し遂げていった姿を「学生」という気ままな身分の僕

注2　機関投資家などから集めた資金を事業会社に投資するファンド。多くの場合、50%以上の株式を取得し、投資先の経営に対しても深く関与する。村上ファンドのようなファンドとは異なり、投資先の企業の経営者と合意した上で友好的な関係のもと、投資を実施する。アメリカのコールバーグ・グラビス・ロバーツ社（KKR）がプライベート・エクイティ・ファンドの先駆者であり、他にもブラックストーン・グループ、カーライル・グループ、ベインキャピタル、CVCキャピタル・パートナーズ、TPGキャピタル、国内系ではユニゾン・キャピタルやアドバンテッジパートナーズなどが有名。

は横目で見ながら、「あと3年でここまで到達しなければ……」と決意を新たにさせてくれたのである。

ユニゾン・キャピタルでは他にもたくさんの方にお世話になったが、**元東ハト社長**としてサッカーの中田英寿氏を執行役員として迎え、短期間での再建を実現させた**木曽健一さん**も尊敬する1人である。木曽さんから言われて今でもよく覚えている言葉がある。

「日本の政治が悪いと言っていても何も変わらない。それを憂えていても何も始まらない。それよりも経済の側面から一つ一つ問題を解決すれば日本はきっと良くなる。僕たちはそれをしなければならない」

ユニゾン・キャピタルの投資委員会に参加させてもらった時も、木曽さんの先見性や洞察力は抜群に光っていた。そんな木曽さんは2009年、帰らぬ人となった。その背景として色々な報道がなされたが、僕は真偽を知らない。しかし間違いなく言えることは、木曽さんはその短い人生の中でも大きなインパクトを残したこと、そして僕が知る限り、最高に優秀で魅力的な人だったことである。

マッキンゼー在職中には最もお世話になったと言っても過言ではない**金田修さん**も、今は同じファッション業界で「日本のファッションを中国に広める」志に向かって突き進ん

注3　新卒・第二新卒としてマッキンゼーに入社した際の最初の役職。省略して「BA」と呼ばれる。

でいる。**金田さんは中国で游仁堂を創業し、現在は同社のCEO。**若くしてパートナーに就任し、しばらくはプロ野球選手並みの年俸が約束されたにもかかわらず、そのプラチナチケットを自らゴミ箱に放り捨ててしまった。そして新天地の中国・上海に旅立ったのである。

南場さんもそうだが、マッキンゼーのパートナーを辞めて起業するのはお金だけでなく「メンツ」の点からも勇気がいる。事業会社に招聘されて失敗したとしても「社長と馬が合わなかったから」とでも何とでも言える。しかし起業して失敗したら言い訳はできない。「戦略を考えられても、実行は不得手なのね」と陰口を叩かれても仕方ない。そんなリスクを取ってまで難易度の高い志に突き進む姿には脱帽である。

金田さんはマッキンゼー在職時から昇進には目もくれていなかった（それでもハイスピードでパートナーまで駆け上がったが……）。金田さんの頭の中にあったのは、日本をどうすればもっと良くできるか、そのためには自分は何をすべきか、ただそれだけ。それまでは私利私欲しか無かった僕の価値観が大きく揺さぶられたのは、彼の影響が間違いなく大きい。

なお、金田さんは財務省からの**アソシエイト**[4]入社組だが、こと起業に関しては新卒・第二新卒入社組が圧倒的に多い。僕の5年上には野菜の通販サイト**「オイシックス」の代表取締役社長の高島宏平さん**や環境ビジネスの**「リサイクルワン」の代表取締役社長の木南陽介さん**。4年上には「アフリカの子供たちに給食を」の志に向かって突き進んでいる**「テーブル・フォー・ツー」代表の小暮真久さん**や『世界一やさしい問題解決の授業』がベストセラーとなった**「デルタスタジオ」代表取締役社長の渡辺健介さん**。また後輩でも、山の素晴らしさを日本中に広げる志に向かって**「フィールド&マウンテン」を設立した元世界七大陸最高峰登頂最年少記録者の山田淳さん**や「留職」という新たな制度の定着を目指し、既に大手企業から採用されている**NPO法人「クロスフィールズ」の代表理事である小沼大地さん**などがインパクト志向の起業家として活躍している。

マッキンゼー出身者が聖人君子だなんて申し上げるつもりは毛頭ない。美味しい料理には目が無いし、格好いい車や素敵な家が嫌いなわけがない。合コンに行って大騒ぎすることもあれば、誰かの悪態をついて喧嘩になることもある。それでもマッキンゼー卒業者の多くは「日本や世界に対してインパクトを与える」べく、どれだけ年を取っても全力勝負で仕事に取り組んでいるのである。

注4　MBA取得者もしくは約4年以上の実務経験後、マッキンゼーに入社した際の役職。役職としてはビジネス・アナリストの一つ上の位となるが、業務内容はビジネス・アナリストとほぼ同じ。

なぜマッキンゼーは志士を輩出できるのか

マッキンゼーに入社するのは新卒入社だと年に10～20名、中途入社を入れても大体30人程度しかいない。にもかかわらず、なぜ、これ程多くの「志士」を生み出しているのか。

一つ目の理由は「自信」である。マッキンゼーで何年か働くと「会社に頼らずとも志に向けて戦っていく」自信が芽生える。マッキンゼーで働き続けることは決して楽ではない。今でこそマッキンゼーにおいてもワーク・ライフ・バランス（仕事とプライベートの両立）みたいなことが言われているが、僕が入社した当時はそんなことを言う人間は皆無だった。少しでも価値を出し、少しでも自分自身を成長させるために毎晩、真夜中、時には朝まで働いていた。有給休暇中はプロジェクトの復習期間に充てて、朝から晩まで仕事のことを考えていた。これは決して働かされているのではない。プロフェッショナルとしての義務を果たし、また自分自身の成長に真正面から向き合っているだけである。このような厳しい環境で働くからこそ、他の会社で働く同世代の人間と比べると圧倒的なスピードで成長できるのである。第2章ではこれらの成長を支えるマッキンゼーの幾つかの制度を、第3章ではマッキンゼー思考の中でも最も重要と言えるイシューについて取り上げていく。

二番目の理由、それは「価値観のマインド・コントロール」にある。マッキンゼーのコンサルタントは会社の売上や利益を気にする必要はないし、そもそも売上や利益が幾らなのか知らされていない。彼らが気にするべきことは、プロジェクトの中で自分がどれだけバリュー（価値）を生み出し、どれだけのインパクトを生み出したのか、これだけである。バリューやインパクトを出せるコンサルタントは偉いし、出せないコンサルタントはクビ。非常にシンプルな価値観しかそこには存在しない。またコンサルタントはたとえ相手がクライアント企業の社長であっても、彼らの意見が間違っている場合には「NO」と言うことが求められる。正しいことを実行しない限り、バリューもインパクトも生み出せないからである。このような環境の中で数年も働けば、マッキンゼーを卒業してもバリューやインパクトを無視することはできない。ここに「志士」がポコポコと生まれる理由があるのである。第4章では、これらマッキンゼーにおけるインパクト志向について、書いていきたい。

最後の理由は、マッキンゼーの懐の大きさである。例えば採用の面接において「数年後にはＮＰＯで働いてＮＰＯの世界でインパクトを創り上げていきたい」と学生が言ったとする。普通の会社ならば「愛社精神が無い」という理由で落とされるはず。しかしマッキンゼーでは全く問題視されないし、むしろその「志」とその論拠が明確であれば賞賛されるのである。また会社を辞める時、一般の会社であれば重要な人材であればある程、慰留されるが、そんなこともない。極端な話、インパクトを出すことが重要なのであって、マッキンゼーの中にいるか外にいるかは重要でないのである。卒業後も会社のパーティーには幾度となく呼ばれるし、困った時には出戻りも許される。そんな会社だからこそ「会社にしがみつく」人間は少ないし、多くの人間が、思い切ってマッキンゼーの外でチャレンジできる。この懐の深さを示すため、第５章ではマッキンゼーにおけるＭＢＡ留学制度に関して、第６章では卒業に関して、それぞれ話をしていきたい。

今の日本に必要なこと

日本の経済不況が言われ始めてはや20年が経った。かつては世界市場でも確固たる地位を占めていた国内の大企業が次々と没落し、多くの産業ではアメリカだけでなく中国や韓国企業の後塵を拝している。僕はＭＢＡ留学中にアメリカだけでなく中国や韓国からの学生達とも盛んに交流をしたが、日本人はどのような場でも遠慮がちで、あらゆる変化に対して非常に臆病で、何より大きな志を持っている人間が非常に少ない印象を受けた。

今の日本人に欠けているのは知識ではない。英語は不得意かもしれないが、それも大問題ではない。論理的思考能力は弱いかもしれないが、アメリカ人が群を抜いているわけでもない。**必要なのは、自分の人生に対して責任をもって積極的に「志」に向けて突き進むこと**、それだけである。その一歩を踏み出せる人間がこれから何人出て来るかによって、今後の日本は大きく変わってくる。

僕は数年前まではこんなことを思ってもいなかった。マッキンゼーで様々な素晴らしい人に出会い「自己変革」を実現できたからこそ、こんな風に真剣に考える今の僕がいる。こんな変革体験を1人でも多くの皆様と共有したい、その思いから本書を執筆することを決意したのである。

それではまずは僕の中の自己変革が起きる前、大学2年生の時の話から始めたい。僕がマッキンゼーを志望するキッカケ、それは「海でのナンパ」だったのだ。

第1章
「戦略」との出会い

海のナンパで学んだ「競合との差別化」コンセプト

僕が初めて「戦略」に出会ったのは大学の講義でも経営学の本でもない。夏の伊豆白浜海岸だった。当時、大流行していたドラマは何と言っても『ビーチボーイズ』。主演は反町隆史と竹野内豊で、海で働く2人の自由な姿に女性だけでなく男性も憧れていた。僕もそんな男性の1人で、夏休みは迷うことなく海の家での住み込みバイトを選んだのである。

朝の7時に起床し、誰もいない浜辺にビーチベッドとパラソルを立てる。その後は、観光客に手当たり次第に声を掛けてビーチベッドとパラソルを各1000円で貸し出していく。お昼が近づくと、今度は浜辺で寝そべっている観光客に声を掛けて、ビールや食べ物を「砂上」販売する。午後の3時には仕事が終了。そうすると今度はプライベートで声を掛ける。こんな「ナンパ尽くし」の毎日だった。

しかしバイト料は「売上×20％」の完全歩合制なので、売れなければ給料もゼロ。お財布的には厳しい仕事だった。このような完全歩合制のプレッシャーの中、「ナンパ営業マン」の競合は100人ぐらいいたため、熾烈な戦いの毎日だった。

「おはようございます！　ベッドとパラソル、いかがですか？」

「こんにちは！　ビールやお昼ご飯、ご注文いただければすぐに持ってきますが、いかがですか？」

初日から手当たり次第に声を掛けたものの、なかなか上手くはいかない。初日は売上合計で約8000円、給与に換算するとたったの1600円だった。

「このままだと財布のお金が無くなって、折角、女の子と仲良くなっても遊びに行けない！　伊豆白浜までわざわざ来た意味が無くなる。せめて4000円は稼がないと……」

そんな危機感の中、他のバイト仲間に聞いてみると、彼らも大体1万円前後だった。しかし2歳上の杉本君だけは何とその日の売上は3万円！　彼こそが毎日3万円前後を売る「スゴ腕営業マン」だったのだ。髪の毛こそ金髪だったが、中肉中背でお世辞にもイケメンとは言えない顔立ち。話術が特に秀でているとも思えず、なぜ、彼だけがそんなに売れるのか理解不能だった。

わからないことはすぐに調べなければならない。僕はこの謎を解くべく、翌日から杉本君の行動を目で追い始めた。

「おっ、声を掛けたな。おぉ、何だかニヤニヤ話しているなぁ。あっ、ベッドを二つ貸し出している！」

彼の行動を事細かにチェックし始めたものの、何が自分と違うのかがわからない。強いて言えば笑顔か？　杉本君はいつも人懐っこい笑顔で話し掛けていたのだ。「じゃあ笑顔でやってみるか」と笑顔で声を掛けていたものの、結果は10連敗。お昼になる頃、僕は売上4000円だったが、杉本君は早くも2万円オーバー。「何なんだ、杉本君と俺で何が違うんだ！」とヤキモキしていると、当の本人が声を掛けてくれた。

「どうよ、ユウスケ。売れてる？」

「いや、まだ4000円ですよ。杉本君はもう2万円オーバーらしいじゃないっすか。何でそんなに売れるんですか？」

「2日目の新人が俺に追いつけるはずないじゃん。」

杉本君はニヤニヤしながら答えを濁した。

「そんなぁ。何かコツ教えて下さいよ！」

「知りたいの？　じゃあ『教えて下さい』ってちゃんと言わないとさ。」

ウ、ウザイ……。でもどうしても聞きたい……。
「教えて下さい、大先生！」

「え？　聞こえなかった。もう1回言って。」

「杉本大先生、僕に営業を教えて下さい！」

「仕方ないなぁ……」

杉本君はニヤニヤしながら答えた。

「ユウスケ、伊豆白浜に来るお客さんってどんなヒトが多い？」

杉本君は僕に聞いた。

「え？　えぇっと、基本は『ギャル』と『ギャル男』じゃないですか？」

浜辺をぱっと見渡してから、僕は答えた。伊豆白浜と言えば派手なギャルとギャル男。この日も派手な「ギャル集団」で一杯だった。

「確かにギャルも多いけどさ、それだけでもないじゃん。もっとよく見てみなよ。例えばあっちの人、あっちはギャルじゃなくて、ちょっと何ていうか、少し上品なお姉様系だろ？　あとあのお客さん、あれはカップルだし。あっちには家族もいるし、あの奥には10人の団体、あれは社会人仲間みたいだけど、そういうお客さんもいるじゃんか。」

「まぁ、確かにそうですけど……。それがどうかしたんですか?」

僕は杉本君の質問の意図を掴みかねていた。

「ユウスケ、わかってないなぁ。営業ってのは、ひたすら声を掛けるようなバカにはできない仕事なんだよね。できる営業はみんな、ちゃんと狙いを定めてんの!」

「はぁ……」

「で、どんなお客さんを狙うかってコトなんだけど、ギャルは止めた方がいいんだよね。そもそもそんなにお金使ってくれないし、めちゃめちゃ声を掛けられているから競争激しいしね。あと家族は結構、堅実派が多くて、ベッドもパラソルもお弁当も持ってきてることが多いから、あまり美味しくない。カップルも微妙。奴らは2人だけの世界を作りたいから、あんま話しかけられるのは好きじゃないんだよね。それこそ俺らみたいな奴らが近づいて来たら、警戒する彼氏も多いし。」

「なるほど……。じゃあ誰が『狙い目』なんですか?」

「消去法で考えたらわかるじゃんか。狙い目は間違いなく『お姉様系』と『男女混合の団体』。この二つをちゃんと押さえたら、売上も上がるし、お姉様と仲良くできたら、仕事終わってからも楽しいぞ。お前は大学も一橋だし、真面目なお客さんには絶対好かれるよ。」

「なるほど！　さすが、杉本君ですね！」

金髪でチャラそうな杉本君がここまで考えているとは……。確かに言われてみると、杉本君はお姉様系と団体層が浜辺に来るや否や、誰よりも先に声を掛けていたし、そのお客様層をガッチリ押さえていたのである。

「あとユウスケさ、どんな風に声掛けてる？」

「えっ、普通に『ベッド借りませんか？』って感じですけど。」

「それも駄目なんだよ。ユウスケは本当に甘いなぁ……」

「え、そうなんすか……。でも、じゃあ何て声掛ければいいいんですか？　教えて下さいよ。」

杉本君はどうやら世話好きだな……。ここは甘えてとにかく聞きまくるべし！　そんなことを思いつつ、僕は杉本君に聞いた。

「仕方ないなぁ。浜辺を一歩出たら、白浜の町役場みたいなトコが５００円で貸し出してるだろ。あとビールも食事も、あの近くのコンビニで買った方が圧倒的に安いし、旨い。だから単純に『買いませんか？』だとなかなか売れないんだよ。」

「はぁ……じゃあどうやって売ればいいんですか?」

「お客さんの立場になって考えてみろよ。例えばベッドだったらあの町役場で借りたら確かに安いけど、いちいち借りて運んで最後は返さないといけないだろ。だから『うちは既に場所取りしちゃってるんで、そのまま使ってもらって良いですよ！ 後片付けも何もいらないですし』って言えば、お客さんも『だったら1000円でいいかも』って思うんだよ。食事も同じでさ、コンビニまで行くのって面倒臭いし、一応、うちは手作りなわけだから『注文されたら手作りの食事も新鮮な生ビールも10分以内に持ってきますよ！』って言うわけよ。」

「な、なるほど！ 了解です、やってみます！」

本日2回目の「あの金髪の杉本君がここまで考えているとは……」だった。そして実際に杉本君のアドバイスに従ってやってみると、僕の売上もメキメキと上がっていったのである！ 大口の団体に気に入ってもらって注文をされた日は、1日の売上が5万円を超えて、売上1位になったこともあったのだ。

当時は「これが営業かぁ、なかなか奥が深いなぁ」程度に考えて実行しただけだったが、**戦略的に考えて実行する面白さはここで初めて学んだ**のである。なお、ここで実行したこ

とが、

①レッド・オーシャン（＝ギャル層）を避けて……
②競合（＝他の営業マン）と差別化（＝真面目さアピール）をしつつ……
③付加価値（＝場所取りや飲食物のデリバリー）を最大化した上で……
④自社の強みを活かせるブルー・オーシャン（＝お姉様層）を開拓した

ことだと気付いたのはその翌年。大学3年生になって経営学関連の講義に顔を出すようになってからのことだった。

マッキンゼーとの出会い

僕が経済学部に入学した理由。それは「経済を勉強したらお金持ちになれるかも」という単純な理由だった。父からは「経済学部と言えば一橋大学だぞ」と聞き、僕は迷わず一橋大学経済学部に絞って願書を出した。最後まで模試ではE判定だったものの、無事入学。しかし入学してから気付いたことは、僕が学びたかったことは経済学ではなく経営学であったこと、また一橋大学の商学部には日本で1、2を争う教授陣が揃っていることだった。

最高の夏の思い出を作って年も明けた大学2年生の冬、ぼんやりながら将来について考え始めた。何となく思っていたのは「大手で給与水準も高くグローバルに活躍ができる企業」に入社できれば良いな、ただそれだけだった。しかしながらこのまま就職していいのだろうかという懸念はあった。僕は最高の学術環境にいながら、経営学を全く勉強できていない。そして僕はまだ社会に出る準備ができていない気がしてならなかった。そんな僕は、一橋大学に2000年に新設された「学部・修士5年一貫教育で商学部の修士号を取得」するMBAプログラムに興味を持った。このプログラムに参加すれば経営学を勉強できるだけでなく、たった1年で修士号も取得できる。そしてそれは就職活動にも有利に働くはず。そんな打算的な考えのもと、僕はプログラムの参加資格である「商学部の講義で『A』を32単位以上」得るため、大学3年生の春学期の時間割のほぼ9割を商学部の講義で埋めたのだった。

その中の一つ、たまたま選んだ授業の中に「企業経営分析」なる講義があった。まさかこの授業の選択が自分の運命を変えるなどとは当時は思ってもいなかった。

1週目はまだお試し期間。気軽な気持ちで席に座っていたら、白髪のお年を召した先生が現れた。講義表を見ると名前は「若松先生」。彼は、ニコニコしながら柔和な雰囲気を醸し出していたものの、

「この講義は授業時間以外にもグループ単位での課題が多い。必ずコミットメントをもって講義登録をするように。また、参加理由のエッセイを書きあげて来るように。」

と、厳しめのコメントから始まったのだ。僕のその時の講義の選択基準は、なるべく簡単にAが取れること。「こんな講義に参加したら他の講義に割く時間が無くなるなぁ……」と、他の講義に変更すべきかどうかを初回の講義中はずっと迷っていた。しかしながら、この時間には他の商学部の講義はない。泣く泣くエッセイを書きあげ、そのまま「企業経営分析」に登録したのである。

講義は2週目から、それぞれ5人1チームの12グループに分けられた。最初は、今では色々な本で紹介されているMECE[1]（Mutually Exclusive, Collectively Exhaustive）のコ

注1　漏れがなく重なりもない分別（ぶんべつ）であること。物事や集団を分解して整理する時に役立つ手法。

ンセプトの授業。当時は何が何だかわからなかった。いや、言っていることは何となくわかる。しかし「人間をMECEに分けてみましょう。例えば男性と女性。これはMECEですね」と言われても「まぁ、そうだけど……」。なぜ、これが「経営学」なのかは全くわからなかった。

続くお題は**ロジックツリー**[2]（図3）。グループ単位で討議し、各グループが発表をしていく形だ。しかし全グループが発表を終えたにもかかわらず、若松先生からは答えは出て来ない。ただ、どのグループも間違っているらしい。質問と答えは必ずセットで教育を受けてきた僕にとっては「？？？」の連続。各チームは若松先生のヒントに基づいて再検討し、最終的にはあるチームが「答え」に近づいた。しかしこの時も「いいですね。このような考え方がいわゆるロジックツリーです」と言われただけで、最後まで「若松先生による答え」は見せられなかった。

その後もケース課題などが与えられたが、どれもこのような調子で進んでいった。いつまで経っても「答え」は出て来ない。ケース課題に関して各チームがプレゼンテーションをした時は、どのチームの発表が優れていたのかさえ教えてくれなかった。教授から聞いたことを理解することこそが「講義」と思っていた僕にとって、このような講義は非常に

注2　物事や集団、課題などをMECEに「ツリー」型に分解した図。

図3●ロジックツリーの例（収益方程式）

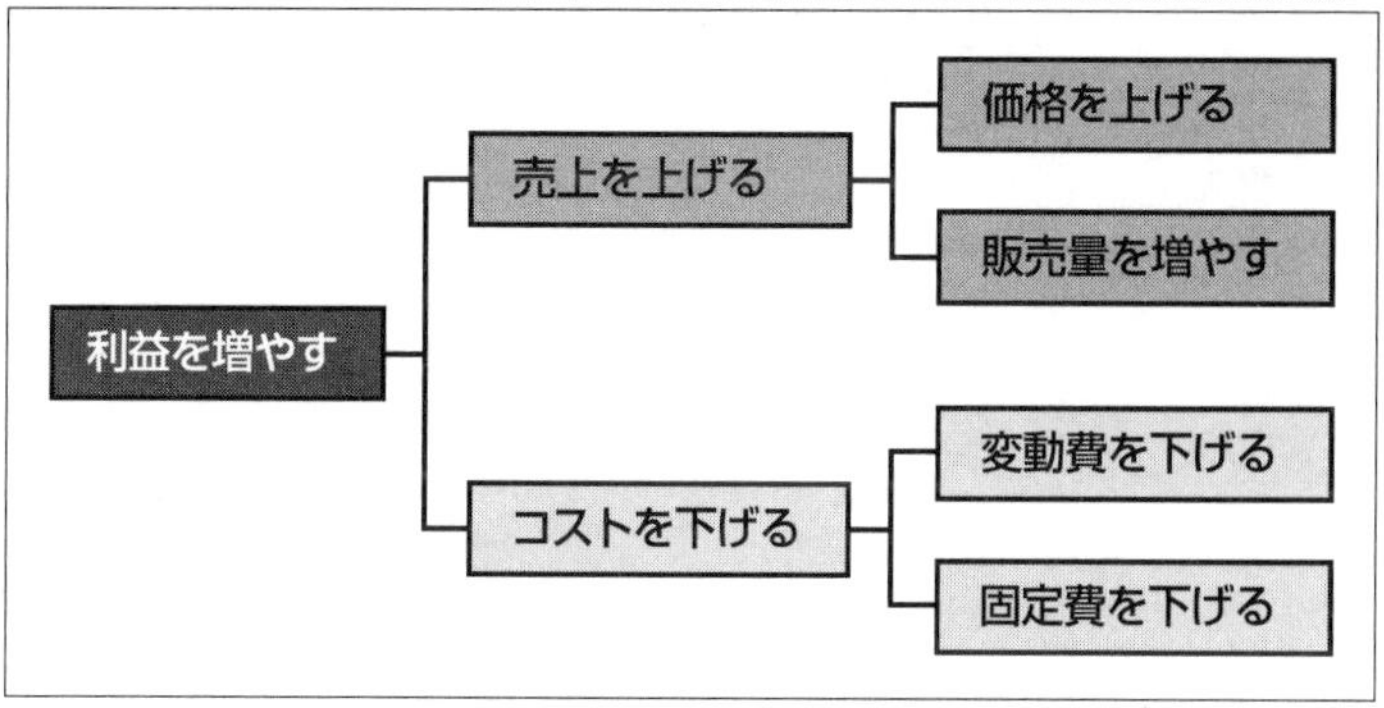

新鮮だった。

ある日いつものように教室に着くと、若松先生が、

「今日はゲスト・スピーカーが来ていますので、お話を皆で聞きましょうか？」

と、いつもの柔和な調子で人を招き入れた。名前は本田さん。見た目40歳ぐらいのエネルギーに満ち溢れている人だ。そして誠実で優しそうな笑顔が特徴的だった。「今日は話を聞くだけか、ラッキー」と内心思いながら、僕は空いている前の方の席に座った。

「皆さん、こんにちは。本田です。今日はどんな話をしようかって考えていたんですけど、最初に僕が就職活動をしていた時の話をします。僕が大学生の時は経営コンサルタントなんて職種の知名度はゼロで、僕もそんな存在を知りませんでしたが、ある日マッキンゼーからパンフレットが来て1週間で10万円のアルバイト料がもらえるって知ったので、お金目当てで参加しました（笑）。その後マッキンゼーから内定をもらい、同時に大手商社からも内定をもらったので、両親からはマッキンゼーなんて訳のわからない会社は断って商社に行くように強く勧められました。それでも大前さんをはじめとするマッキンゼーのお偉いさんが両親を強く説得するものだから、僕はマッキンゼーに入社することにしました。マッキンゼーに入社すると……そこは信じられないような環境でした。普通の会社ならば入社1年目はおろか、入社5年目でも任せられないような仕事を入社して1カ月のヨチヨチの新卒の僕に任せるんですよ（笑）。」

その後も話は30分程続いたが、本田さんのお話はどれも非常にまとまっていて、わかりやすかった。そして内容も面白くて、あっという間の30分だった。「この人は間違いなく、僕が今まで会った社会人の中で抜群に頭がいい！」そんな衝撃を受けたことは今でも鮮明に覚えている。

この話を聞いて僕は初めて「マッキンゼー」という会社に興味を持った。本田さんのスピーチが終わった後、前に座っている同じグループのFさんに話し掛けた。Fさんは1年上の4年生。当時はまだ勢いのあったリーマン・ブラザーズの投資銀行部門に入社することが決まっていた。

「Fさん、何かあの本田さんってただ者じゃない気がするんですが、マッキンゼーってどんな会社なんですか？」

Fさんは振り向きながら口を開いた。

「あぁ、マッキンゼーってのは今日の話でもあったけど、外資コンサルだよ。外資の投資銀行とコンサルは給与も高いし、すごく人気あるよ。マッキンゼーは外資コンサルの中では一番の会社で、何人も社長を輩出してるよ。コンサルならマッキンゼー、投資銀行ならゴールドマンが一番かな。」

「何や、ユウスケ君。3年生なのにマッキンゼーも知らへんの？」

後ろで話を聞いていた生意気な2年生の金髪が、いつもの関西弁で話に入ってきた。

「あぁ、知らなかったよ。お前は知ってたの？」

「当たり前や。ってかユウスケ君、そんなんも知らんでこの講義を登録したんか？　若松先生は元マッキンゼーの**ディレクター**[3]でめちゃめちゃ偉い人やったんや

注3　マッキンゼーのパートナー（いわゆる役員であり、かつ株式保有者）の中での最高職位。広義に言えば、マッキンゼーのパートナーにはディレクター、プリンシパル、アソシエイト・プリンシパルの3層があるが、プロジェクトの責任者で、かつ日本やアジア内ではなくグローバル一律の評価機関で選出されるのはプリンシパル以上のため、社内で「パートナー」と言えば、プリンシパル以上を指すことが多い。

で。本も色々書いてるし。今は仮面被ってるけど、昔は絶対怖かったと思うで。」

「そうなんだ。俺、経済学部だからその辺、疎いんだよね。」

その場は平然と答えて離れたものの、心の中には色々な感情が入り混じっていた。「そろそろ就活に本腰を入れないとヤバい……」という焦燥感、「ついに入社したい会社を見つけたぜ！」という躍動感、そして「経営学修士を目指すのか、就職するのか」という悩みなどが頭の中でぐるぐると回っていたのである。

とにもかくにも、こうして大学3年生の夏、遅ればせながら僕は初めてマッキンゼーと出会ったのだ。

マッキンゼー内定書を勝ち取るまで

春学期は猛勉強の甲斐あって、MBAプログラムの参加条件も達成できそうだった。しかしマッキンゼーとの出会いの衝撃が忘れられない。本当に僕は勉強がしたいのか？　本当はすぐにでも働いて本田さんみたいな人になりたいのではないか？　疑念は募る一方だった。またそれまでは修士への進学を盾に、就職を深く考えることを避けていたのも事実。いざ就職するとなると「どんな会社を選ぶべきなのか？　どんな職種に就きたいのか？」も考えなければならなかった。

これらの疑問を晴らすべく、僕はリーマンFさんのアドバイスに従って、インターンをすることにした。夏休みの間はグリコ乳業の経営企画部門で働いた。夏休みが終わってからは先輩の紹介で、メリルリンチ証券会社の債券部門で法人向けレポートを作成した。更に並行して、とあるベンチャー企業で営業業務を担当していた。しかしインターンなんて言っても結局はアルバイト。これらの業務を経験しても、どんな会社が自分に適しているのかはまだよくわからなかった。しかしながら僕は働くのが好きだということはわかったし、僕にとって会社を選ぶ際に重要な「軸」もぼんやりながら見えてきたのである。

一つ目の軸、それはたとえ自分が埋没するとしても、賢くて仕事のできる人間に囲まれたい、ということだった。自分が一番になれそうな所を選べば、安定したポジションを確保できるし、自分の意のままに物事を進めることができるかもしれない。しかしそれだと「井の中の蛙」で一生を終えてしまう可能性が高い。井の中の蛙で人生を終えるなんて格好悪い。それならば失敗するとしても大海の中で戦っていきたい。そんな成長を期待できる環境で働きたい、ということだった。もちろん本田さんの話を聞いた時のように、単純にデキる人間と一緒に働いていて話をしているとワクワクする、ということもある。

二つ目に重要なポイントは、5年後、10年後に自分が何をやっているかを「想像できない」ことだった。将来の自分を想像できてしまうと、僕の性格上、「早く5年、10年経って、もっと責任のある仕事をしたいな」と一日一日をカウントダウンする日々になりそうだった。そんな生活は面白くない。やるからには一日一日を真剣に働いて、想像もできない無限の世界に挑戦したい。また10年後の目標が見えてしまうと、それを達成するため、なるべく減点を抑える「減点主義」思考に陥りそうなのも嫌だった。「5年後に部長になるため、5年間はミスを起こさないようにする」。こんな人生はまっぴらごめんだったし、僕がそんなことに耐えられる忍耐力を持ち合わせているようにも思えなかった。やりたいことを抑えて、ビクビクしながら何十年も費やすのは絶対に嫌。そんなことから「何が起こるかわからない先行きの見えない未来」を提供してくれる会社が僕に合っていると思ったのだ。

三つ目は、新卒の時から高い給与をもらえることだった。日本の大企業の場合、最初の

10年から20年は非常に安い給与で勤務年数が長くなるにつれて給与が上がっていく。こんなシステムの場合、最初の10年は地味な生活を強いられるし、給与を「取り返す」ために会社にしがみつく傾向になる。それは僕の性格上、受け入れられなかった。新卒の時から成果に見合った給与をもらいたい。それでいつでも辞められるような状態にしておきたい。終身雇用が依然として人気のあった一橋大学において、僕は完全な異端児だと気付き始めた。

この軸に照らし合わせて考えてみると、依然としてマッキンゼーは僕の求めているものを満たしてくれそうだった。しかし外資系投資銀行も全ての条件を満たしている。また給与水準は投資銀行の方がマッキンゼーより高いし、何より巨額のお金を動かしているのは格好良い。外資系の投資銀行で働いている先輩に話を聞いても、皆、自信満々で輝いていた。こうして僕は外資系の投資銀行に徐々に傾倒していったのである。

就職活動が徐々に本格化してくる大学3年生の冬、僕は投資銀行に絞って出願をしていった。米国系ならゴールドマン・サックス、モルガン・スタンレー、メリルリンチ、JPモルガン。欧州系ではUBS、BNPパリバ。更に国内系だとシティグループと日興證券との合弁会社である日興ソロモン・スミス・バーニーにも出願した。合計7社。たったの7社と思うかもしれないが、結構な体力を要する。例えばゴールドマン・サックスの場合、合計7部門の面接をそれぞれ個別に行った。UBSの場合、入社試験の前には5日間のインターン・プログラムがあり、その5日間はほぼ徹夜状態でグループ課題に取り組んだ。そこまで時間を費やしたものの、結果はあえなく全滅。UBSの場合は5日間のインターンシップの中では合格したものの、その後のパートナー面接であえなく落選。投資銀行の全滅確定の2月、僕はどれだけ睡眠を取っても薬を飲んでも体調は常に絶不調。そしてそこに追い打ちをかける父の笑い声。

「ははは、だから英語もできないお前が外資系の投資銀行なんて受かるわけないって言ったじゃないか！　おとなしく日本の会社に勤めとけや。」

これぞ田中家の教育方針。くやしかったら這い上がるしかないのだ。僕は次のターゲットをコンサルティング・ファームに定め、闘志を改めて燃やした。

コンサルティング・ファームの中では第一志望はもちろんマッキンゼー。しかしこんな「就活ノイローゼ」状態でマッキンゼーに臨んでも勝てるはずがない。そう思った僕は、マッキンゼーの試験はなるべく後にずらし、他のコンサルティング・ファームを先に出願した。

コンサルティング・ファームの採用プロセスは主に3段階に分かれている。1段階目は書類選考。ここではぶっちゃけた話、学歴がポイントになる。しかしこれは「経歴の見栄えの良い人を集めたい」なんて浅はかな考えではない。経営コンサルタントとして働く上で論理的思考能力や分析力は欠かせない。そして論理力が高い人は大学受験の時にも国語で高い点数を取っている傾向があるし、分析力と数学のテストの相関性に関しては言うまでもない。最近の兆候として「学歴で評価する会社は悪い会社で、学歴を見ない会社は良い会社」と見られる傾向がある。しかしマッキンゼーには何千人もの応募がある以上、業務スキルと相関性の高い指標で最初のふるいにかけるのは合理的判断なのである。

2段階目は筆記試験。会社によって違いはあるが、基本的には論理力と分析力の二つを評価する試験だ。海外だとGMATと言われる試験があるが、その問題に非常に近い。しかし僕は当時、GMATの存在を知らなかった。そのため、それに類する試験である第一種公務員試験の判断推理問題の過去問を、練習材料として解いていった。

そして最終段階はもちろんコンサルタントとの面接。コンサルの面接の特徴は何と言ってもケース・インタビュー[4]だ。これでもって「この人はコンサルタントとしての資質を持っているか」を判断していくのだ。昔は「日本のゴキブリの数は何匹だと思いますか?」みたいな質問が投げかけられることも少なくなかった。しかし今や情報量も増えている中、ゴキブリの数を類推できても、プロジェクトでそのスキルを発揮できる場面は限られてきている。そのため、架空もしくは実際の企業を例にとってその経営課題を一緒に議論するケースが一般的である。

なお、僕がマッキンゼーの面接官をやっていた時の経験で言えば、練りに練った「志望動機」を考えてくる学生は少なくない。「御社の○○さんが私の大学のOBでして、お話を聞かせてもらったら最高の会社だと思いまして……」なんていかにも面接ハウツー本に書かれているようなことを言ってくることも多いが、率直に言って「志望動機」なんてどうでもいい。コンサルが欲しい人材は、愛社精神がある人材ではない。あくまで欲しいのは能力の高い人材なのである。これからマッキンゼーの面接を受けるなら、マッキンゼーについて調べる時間があればその時間を論理的思考能力や分析力を磨く時間に充てることをお薦めする。

注4　コンサルティングのプロジェクトにおける課題を簡単かつ濃縮したもの。最初にそのプロジェクトや企業の概要が説明されて、次に問題が出される。論理思考力を問う定性的な問題と、分析力を問う定量的な問題に分かれる。

さて話を僕の就活に戻そう。僕がマッキンゼー以外に出願をしたのはボストン・コンサルティング・グループ（ＢＣＧ）、ブーズ・アレン・ハミルトン、ベイン・アンド・カンパニー、ＡＴカーニーの4社。しかし3段階目の面接までこぎ着けられたのはこの4社の中ではＢＣＧだけだった。ＢＣＧの最初の面接官は**マネージャー**[5]風の30歳ぐらいの男性。そこはオープン・スペースで、横では他の学生も同じように面接していた。

「田中さんね。えぇと、趣味は何？」

「趣味ですか……そうですね、中学校、高校で競技スキー部に所属していたので、スキーが趣味です。」

「あ、そうなんですか。競技スキーね。スキー用品って言ったらどんなメーカーが有名なの？」

「スキー板で言えばロシニョールですかね、ブーツで言えばサロモンは有名です。」

「んじゃロシニョールでいいや、ロシニョールの売上を3年間で倍にするためにはどうすればいいと思うかな？」

おぉ、ケース面接はもう始まっていたのか。少し面喰いつつ、すぐに頭を切り替えて考え始めた。ロシニョールの売上を2倍か。だったらまずは、若松先生の授業の中で学んだ

注5　プロジェクトの現場責任者。マッキンゼーの場合、アソシエイトの次の位にあたる。

「ロジックツリー」のコンセプトを使うのがいいかな。そう思い、僕はロジックツリーの流れに沿って答え始めた。

「売上を価格と量の二つに分解して考えたいと思います。まずは価格を向上させる施策ですが、スキー板の場合、年明けにはすぐにセールになって、2月になると値段はほぼ半額になります。この値崩れを避けるため、積極的な広告や試乗企画などを実施してシーズン前半の売上割合を増やせば、平均単価をそうですね、20％から30％上げることは可能かと思います。次に量に関してですが、ロシニョールが得意とする商品カテゴリは通常のスキー板ですが、現在、市場が拡大しているのはスノーボードやファン・スキーです。スキーヤーは年がら年中スキーをするわけではなく、気晴らしにスノーボードやファン・スキーをやることも少なくありません。従って、ロシニョールの『ブランド』が強みとなる従来のスキーヤーに対して、ロシニョール製のスノーボードやファン・スキーをセット販売することによって、50％から60％のボリューム増を実現させるのは不可能ではないと思います。平均単価で約30％増、量で約60％増を達成できれば、売上は約2倍になる見込みです。」

我ながら、1分間で考えたにしてはなかなか良い回答だった。面接官の反応も良く、その回答を聞いたらメモに何かを書き始めた。そしてそのメモを渡されて、「ＯＫ。じゃあ次はパートナー面接ね」と言われたのだ。そのメモには部屋番号が書いてあった。「え、最初の面接ってこんな短時間なの？」と戸惑いつつも、僕は小さくガッツポーズをしてから、その部屋の方向に向かった。

部屋の前で10分程待っていると、部屋の中から50歳ぐらいのオジサンが現れた。

「どうぞ。」

席に座ると早速、ケース・インタビューが始まった。お題は「牛乳配達業者の利益を上げるためにはどうすればいいか」。僕は前の面接と同様に「利益」を「価格、量、コスト」の三つに分解し、話を始めようとした。しかし牛乳配達なんて使ったこともないため、具体的な施策が何も浮かばない。それでも何か話さないといけない、焦った僕は「話しながら考えよう」と思い、答え始めた。

「利益を価格、量、コストに分解して考えたいと思います。まず販売量に関して言えば、牛乳だけでなく水やお酒など、他の商品を販売することが一つの施策として考えられると思います。次にコストに関しては……」

「ちょっと、ちょっと。」

話を遮られ、僕は驚いて面接官の目を見た。何だか不機嫌そうな顔である。

「はい、何でしょうか?」

「分解するのもいいけどさ、もっと大きな視点で考えてみてよ。そもそも牛乳配達業者が抱えている課題は何だと思いますか?」

「課題ですか? えぇと……」

しばらく考えたものの、何も思いつかない。1分経ってもなかなか返答ができない僕を見かねて、面接官から助け舟が出された。

「牛乳配達ってどんなサービスだと思う?」

「サービスですか? えぇ、毎朝、牛乳をお客さんに配るサービスだと思いますが……」

「そうだよね、これって儲かるビジネスかな? 利益率は高い、低い?」

「利益率ですか……配送コストは高いし、牛乳の粗利は低いと思うので、利益率は低いと思います。」

「そうだよね、利益率は低い。それでも何で昔はビジネスとして成立していたかと言えば、多くの家庭が利用していたから。効率的に配送できるから1家庭あたりの配送コストが安く済んだんだよね。つまりこれは配達地域における『配達密度』が重要なビジネスなわけ。ここまで、わかりますか？」

「はい。」

「では次の質問。需要が減っていく中で、牛乳配達業者が『配達密度』を改善するためにはどんな方法があると思いますか？」

「えぇと……」

僕は完全に気後れしていた。「配達密度、何じゃそりゃ⁉」。頭の中はパニック状態。面接官の言うことも適当な理解しかしていなかったため、どんどん追い込まれていった。

「仕方ないな。一つはさ、配達密度が牛乳配達業者より高い業者、例えば新聞配達業者と組んで配達密度を改善させる、って方法があるよね。新聞配達と牛乳配達、同じ時間に個別宅にモノを配っていて、何か全体的に見て効率悪いって思わない？」

「はい、それは思います。」

「でしょ？　まとめると、牛乳配達サービスの一番の課題ってのは利益率を維持するために必要な『配達密度』が落ちてきたことなんだよ。なので、『配達密度』を改善させなければいけない。従って、新聞業者に一緒に牛乳も運んでもらえば『配達密度』を改善できて配達コストは下がって、利益率は改善する、と。新聞業者からしても、牛乳配達のお客様に一緒に新聞も契約してもらえればお得だしね。」

「そうですね、それは思いつきませんでした。」

「田中さんはさ、きっと本とか読んで利益を分解するアプローチとか学んだと思うんだけど、分解をして細かい施策を考え始めると全体感を見落としちゃうんだよね。そうじゃなくて、まずは『何がその事業の重要な課題なのか』を考える癖を付けた方がいいよ。」

「わかりました、ありがとうございます。」

「うん、じゃあ今日はありがとうございました。今後も頑張って下さいね。」

噂で聞いていたのは「BCGの場合、面接をクリアした学生はその場でインターンシップ・プログラムへの招待を受ける」ということ。何も聞かされなかった僕は落胆しながらその部屋を出た。エレベーターでビルの1階に下りると、同じようなリクルート・スーツを着込んだ女性が「やったぁ、次はインターンだ！」と喜びながら電話をしているのが聞こえた。「あぁ、やっぱり噂は正しかったんだ……」。足早にビルを出ると、冷たい突風が頬を突き刺した。

ＢＣＧの面接で落ちた３日後、マッキンゼーから筆記試験通過のメールが来た。マッキンゼーの筆記試験は全部英語でしかも試験時間も３時間以上。あまり手応えは無かったので、試験通過の連絡は嬉しかった。

グループ面接当日、僕は最寄駅の六本木一丁目駅に予定より30分も早く到着してしまった。駅からは歩いて３分とのことだったので、僕は駅から出てすぐの喫茶店で時間をつぶしていた。10分前になって喫茶店を出てマッキンゼーの入っているビルに向かったものの見つからない。当時はまだスマホも無かったため、僕は通行人に聞きながら汗だくで目的地を探し当て、面接時刻ギリギリにマッキンゼーのモダンな受付にたどり着いた。受付の女性に部屋に通されると、既に部屋には３人の学生が待機していて、汗だくの僕に冷たい視線を浴びせた。僕は彼らに軽く会釈をしつつ、空いた席に座りながら平静を保とうと目を閉じた。

席に座って１分と経たないうちに面接官が入ってきた。パートナーＹさんとマネージャーＭさんだ。まず自己紹介を促される。「東京大学大学院……」おいおい、俺以外、皆、東大の修士生かよ。こんな人達に勝てるのかな……。不安は募る一方だったが、ここまで来たらやるしかない。最後に僕の自己紹介が終わると、Ｙさんが話し始めた。

「ええ、ありがとうございます。では早速、ケース・インタビューのお題を始めたいと思います。皆さんの目の前に紙と鉛筆がありますので、これは自由に使って下さい。お題は『鉛筆メーカーAの売上を増やすためにはどうすべきか』です。考えがまとまった人から挙手して下さい。」

BCGの面接がデジャブする。牛乳配達に続き、今度は鉛筆。これまた古い業界だ。となるとまずは鉛筆メーカーの抱える課題から考えないと……鉛筆と言えば典型的なコモディティ。差別化の要素なんてあまり無いので利益率も低いはず。またシャープ・ペンシルやボールペンに代替されるどころか、そもそも字を書くこと自体が少なくなっている。利益率は低いし、市場は縮小。これは非常に厳しい状況にあることは間違いない。こんな時、どうするか？　それでもやはり差別化？　でもどうやって差別化をするのか？　キャラクターの書かれている鉛筆なんて俺の子供の時からあるし、今更そんなことをやっても売上へのインパクトなんてあるはずない。どうしたものか……。こんなことを考えていると2人の学生が手を挙げた。自然と視線も彼らに向かう。

「私は、鉛筆に付加価値を付けることを考えます。キャラクターなどをプリントするのもあると思いますし、新たな機能を付けるのも考えられると思います。」

「私も、前の意見に賛成です。鉛筆はこのまま行けば誰も使用しなくなるものです。何かの付加価値を付けないと、生き残ることはできません。」

出た、差別化発言。でも絶対この意見は間違っている。こんなことで売上が上がるはずもない。そう思った僕は、まだ意見が完全にまとまらないまま手を挙げた。

「私は差別化をしていくことには反対です。鉛筆はもはやコモディティですし、字を書くこと自体減っているので、差別化しても大きな売上増は見込めません。私ならば鉛筆自体の強みを活かして売上を最大化することを考えます。鉛筆の強みは、あらゆる文房具の中で最も安くて使い捨てができることです。この強みを活かし、『最も安くて使い捨てできる文具が求められるシーン』、例えば街頭でのアンケート調査や商品申し込みなどを実施している企業に売り込むべく、営業体制を強化します。」

後半は話しながら考えて出てきたアイデアだったが、手応えアリだった。その後はYさんやMさんから各学生に対して追加質問がなされ、学生はそれに対してまた返答していく。客観的に見ても、付加価値グループは鉛筆にライトを付けるだの滑り止めを付けるだの明らかに幼稚な答えに向かって突き進んでいた。一方で、ただ1人「ターゲットを絞り込んだ営業強化」意見の僕は、追加質問に答えながら打ち手がより明確になっているのを実感していた。

考えてみればこの考えは正に「僕の強みを活かしたお姉様層」戦略。僕は伊豆白浜の杉本君に改めて心の中で感謝をしながら、意気揚々と帰宅の途についた。


期待通り、グループ面接は無事合格した。その翌週、パートナーとの個人面接が設定された。いよいよ個人面接か……。緊張しながら待っていると、眼鏡をかけたOさんが入ってきた。今回のお題は「成田エクスプレスの売上をどうやって増やすか」。当時から成田エクスプレスと京成スカイライナーの競争は色々な記事で取り上げられていた。しかしこのまま価格競争をしていっても**囚人のジレンマ**[6]、つまり両社とも儲けられない事態になりかねない。そうなるとここは付加価値で差別化かな。そこで新たなサービスなども提供できれば、客単価も上がって売上も増えるはず。そう考え、僕は話し始めた。

「売上を上げるためには京成スカイライナーと価格競争をするので

注6　ミクロ経済学において「個々の最適な選択が全体最適にはならない」例としてよく使われるコンセプト。簡単に説明すると、ある2人が罪を犯すも証拠がなかったとする。その時、警察官が2人（AとB）をそれぞれ別室に連れて行き、「このまま自白がなければお前達2人は懲役1年だ。だがお前だけが自白すればお前は無罪にし、もう1人は懲役5年にする。2人とも自白したら懲役3年だ。」と伝える。容疑者2人にとっての全体最適は「2人とも黙秘する」だが、例えばAは「Bが黙秘するなら、自分は自白した方がいい。またBが自白する場合も自分は自白した方がいい」と考えるので、2人とも「自白する」を選んでしまうという例。価格競争も同様で、A社、B社にとっての全体最適は「2社とも同じ値段で高値にする」だが、例えばA社は「B社が値下げするなら自社も下げるべき、B社が値下げしないなら自社は下げて売上を増やすべき」と考えるため、結局は値下げ競争になる。

はなく、付加サービスによって顧客のニーズを更に満たす、ではないかと考えます。例えば成田空港へ向かうお客様の多くは大きな荷物を抱えていますが、彼らは成田エクスプレスに乗ってからはいいものの、乗るまでは電車を乗り継がないといけません。それは彼らにとって大きな負担です。そこで例えば彼らの自宅から成田エクスプレス最寄駅までの送迎バスなどをオプション・サービスで提供するのは一つの案として考えられると思います。」

この後、Oさんからは「中長期的な差別化要因になるか、他社は真似できないのか」「ある程度の利益率を確保できるビジネスとして成立しうるのか」「そのサービスはどのような顧客に対してメリットがあるのか。その顧客層は大きいのか」など様々な角度から突っ込みを受けた。そのような指摘に対して、時には「はい、この考えはその点でも正しいと思います。なぜなら……」と応戦し、ある時は「……そうですね、その視点で考えるとこの考えのままでは十分でないと思います。それを打開するためには……」と間違いを認めながら軌道修正をした。そんな面接はいわゆる押し問答型とは大きくかけ離れていて、さながら議論のようだった。そんな流れのまま1時間があっと言う間に経過。僕は脳みそがヒートアップしたまま帰路についた。

しかし帰りの電車の中では会話が思い出されて、急に不安になった。

「Oさんのあの質問に対して、本当はこんな風に答えた方が良かったんじゃないかな……あそこは間違いを認めるのではなく、堂々と持論を通した方が良かったかも……」

そんなことをクヨクヨ考えながら帰宅し、その日は眠れない夜を過ごした。しかしその翌日、次の面接を設定したいとの連絡があって、僕は胸を撫で下ろした。


次の面接は当時のマッキンゼー日本支社長Hさん。最初の会話は「あ、田中さんは桐朋高校出身なんだね。私も桐朋出身なんですよ。」と和やかなムードでその面接は始まった。しかしいつまで経ってもケース課題は出されない。たまに時事問題に関する質問が散発的になされて、僕はそれに答えていった。「これはまた、Oさんの議論型面接とも違うな……」、そんな風に思っていると、最後に重たい質問がぶつけられた。

「田中さんは経済学部ですよね……それなら、不良債権はなぜ発生し、膨れていったのか、概要を説明してもらえますか?」

当時は小学生でも「不良債権」の単語は知っていた。しかし、その発生メカニズムを正確に説明するのは容易ではない。いつもの僕ならば「勉強しておけば良かった……」と青ざめるところだ。しかしどうやらマッキンゼーと僕は運命の関係にあるらしい。何と幸運にもこの面接に来る電車の中で、不良債権に関する本を読んでいたのである。思わず笑みがこぼれたが、僕は少し前置きをしてから話し始めた。

「大きな理由は二つ、銀行の内部の話と銀行の外部、いわゆる法律的な話の二つに分けられるかと思います。銀行の内部の話で言えば……」

具体的な法律名などにも触れながら話を展開していった。どうやらHさんはここまでスラスラと回答できるとは思っていなかったらしい。

「そうですね、そのような理由もありますが、何よりも銀行側に不良債権を処理する意志が弱かったこと。これが大きいですね。」

と指摘含みの返答だったが、これは完全な手応えアリだった。

Hさんとの面接が終わると、そのまま次の面接官として当時の前日本支社長Yさんが入って来た。この面接は更に変わっていた。ケース課題どころか質問すらされない。「マッキンゼー人はどのような思考をすべきか」、そんなYさんの話が延々と続く。僕はただぽかんとしながら話を聞くしかなかった。たまに「今、私が言ったこと、わかりますか？」と質問されるので、そんな時には「はい、何となくですが……」と答えるだけで精一杯。

そんな一方的な話のまま面接は終わった。何だ、この面接は？　あそこでどんなことを話せば良かったんだ？　僕は心配で一杯だった。

最後の面接がずっと気にかかっていたものの、とにかく内定を取るまでは就活を続けるしかない。次は商社や政府系の銀行に出願をした。理由としては、社内にＭＢＡへの留学制度があるため。ＭＢＡに留学して、その後コンサルや投資銀行に行けばいいや。そんな考えで応募した。マッキンゼーの最後の面接から3日経った時だった。その日はＭ商事のＯＢ訪問。商社なんて所属する部門によって仕事は大きく変わるし、入社時には部門は選べない。それなのにＯＢ訪問なんて意味ないよな、と思いつつも、就活の定番本「メンタツ」（『面接の達人』）を信じてＯＢ訪問を申し込んだ。午前11時過ぎ、電車を待っていると携帯電話に知らない番号から電話が掛かってきた。

「はい、田中です。」

「もしもし、マッキンゼー人事部門のＣですが。」

「は、はい！」

「おめでとうございます、弊社から内定を出させていただきたいと思います。」

「？？？？？」

頭の中は真っ白だった。パートナーの個人面接は大体4、5回行われると聞いていたので、次の電話は「面接に進むか落とされるか」のどちらかだと思っていた。まさか内定が出るとは思いもしていなかった。ここで僕の脳裏に一つの考えが浮かんだ。「もしかしたら、別人の『田中』と間違えているんじゃないか？」。嘘ではない。本当にそう思ったのだ。それなら一秒でも早く内定承諾書にサインをしてしまえば、後で間違いだと気付いても押し通せる……そんな悪巧みを考えた僕は、

「もちろんです！　今日にでもサインをしたいと思いますが、宜しいですか？」

と咄嗟に言った。向こうもそこまで早く決心をするとは思っていなかったらしく、若干、動転しながら答えた。

「きょ、今日ですか？　えぇ……では準備もありますので、お昼の3時にお越しいただけますか？」

「わかりました！　では3時に伺います。お電話、ありがとうございました！」

とりあえずOB訪問に行かないと……。それでも嬉しくて電車が着くまでの間、当時、付き合っていた彼女に電話をした。彼女は起きたばかりらしくて反応薄。それでも電車の中では笑いが止まらなかった。遂に就職活動は終わった。そしてまさかのマッキンゼー。

数カ月にわたる就職活動のプレッシャーから遂に解放され、その日は朝方まで飲み狂ったのは言うまでもない。

新卒で経営コンサルタントになるべきか

マッキンゼーから内定をもらって以降も、一つだけ引っかかっている懸念があった。それは**「新卒で経営コンサルタントになるべきか」**ということ。就職活動中、何人もの人が「良い経営コンサルタントになるのならば、新卒で入社するよりも事業会社で何年か経験を積んでから入った方がいい」と言っていたし、それは正しい気もした。経営どころか社会についても何も知らない自分が、新卒で経営コンサルタントになれるのだろうか。結局、この悩みは晴れぬままマッキンゼーに入社した。

今、振り返ってみると、僕は**「良い経営コンサルタントになるのならば中途入社」という指摘は正しい**と思う。良い経営コンサルタントになるのならば、単に与えられたお題に対して答えを提示するに留まっていてはならない。プロジェクトの有無にかかわらず、経営者が本当に困っている時に手を差し伸べる「プライマリー（主要な）・カウンセラー」であるべきだ。例えば現在もマッキンゼーでディレクターを務める山梨広一さん。僕が金田さんと同じくらいお世話になった人だ。山梨さんは僕にとって唯一無二の「プライマリー・カウンセラー」だった。山梨さんは事業会社、スタンフォード大学のＭＢＡを経てマッキンゼーに入社したアソシエイト組。僕は、数多くの著名な経営者が、山梨さんに経営上のあらゆる悩みを相談している場面を目にした。経営者は孤独だ。なかなか社員には胸の内を打ち明けられない。そんな時に相談役となれる。これこそが経営コンサルタントの最終形なのである。

　もちろん山梨さんがプライマリー・カウンセラーになっている理由は単に中途入社だからではない。しかし新卒入社では、なかなか彼の域には達せられないのである。例えば野球選手がスランプに陥ったとする。去年まではヒットを量産できたのに今年はなかなか打てない。そんな時、去年のバッティングフォームと今年のそれとをビデオで比較し、何が違うのかを指摘する。これはマッキンゼーの**ファクトベース・コンサルティング**[7]の世界である。ここまでは新卒・中途入社だろうが関係ない。しかしなぜバッティングフォームが変わってしまったのか、どんなことに留意すれば元に戻るのか。ここにはファクトには現

注７　特定の人間の過去の経験や思考ではなく、データや客観的な事実（ファクト）に基づいて提案を行うこと。

れない心理的な要素なども存在する。この領域はファクトベース・コンサルティングには限界がある。野球経験者でないとわからない感覚がある。この領域こそが「リアルな経験」を有している人でないと踏み入ることのできない世界である。

経営も同様。経営者の真の悩みに対応するためには多少なりとも事業経験、またできれば事業会社におけるリーダーシップの経験は欠かせないのである。経営コンサルタントがどれ程賢くとも、実際に事業を経験しなければ事業における本当の難しさを理解することはできない。その意味で**「良いコンサルタントになるのならば事業・経営経験を積むべき」という指摘は正しい**のである。

しかし、だからと言って**「新卒で経営コンサルタントになるべきではない」**かと言えば**答えはNOだ**。新卒で入社する人全員が一生、経営コンサルタントとして働くために入社するわけではない。確かに僕はマッキンゼーに入社するまでは、一生、経営コンサルタントとして第一線で活躍できれば最高だと思っていた。経営コンサルタントとしてパートナーになれば破格の給与をもらえる。著名経営者に対してアドバイスもできる。こんな最高の機会を自ら放棄する人なんているわけない。そう思っていた。しかしマッキンゼーで経験を積めば積む程、これは大きな間違いだと気付いた。

もちろんマッキンゼーに残り続けることは精神的にも体力的にも楽ではない。パートナーまで昇進した人は皆、大変な努力をしている。また、本当はまだマッキンゼーに残りたかったけど辞めざるを得なかった人もいる。しかし**「経営コンサルタントよりもやりたいことを見つけて辞める」**、この方が圧倒的に多数派である。もし経営コンサルタントに未練があるのならば、マッキンゼーを辞めざるを得なくなったとしても、他のコンサルティング・ファームに移るはずである。しかし実際はそうではない。他のコンサルティング・ファームに移籍する人は極めて少ないのである。彼らは事業会社、金融会社、そして起業、このような「他の生きる道」を見つけて辞めていく。

もし**生きる道が「スーパー経営コンサルタント」ではなく事業会社でのリーダーや起業なのであれば、僕は絶対に新卒で経営コンサルティング・ファームに入社するべきだ**と思う。新卒後の3年間は非常に大事な時期。仕事術だけでなく思考方法や仕事の価値観など多くのことを吸収できる期間だ。その期間をコンサルティング・ファームで過ごせれば、他の同級生と比べて圧倒的に早いスピードで成長することができる。また、高い「目線」を持つこともできる。序章にも書いたが、マッキンゼー出身の起業家という枠の中で見てみると新卒入社の割合が圧倒的に多い。そこには若くしてたくさんのスキルを身に付けられたこと、そして青臭い程のインパクト志向が骨の髄まで浸透していることが関係しているのである。

最後に付言しておくと、新卒で経営コンサルタントになったからと言って「スーパー経営コンサルタント」の道を断念しなければならないかと言えばそうではない。少なくともマッキンゼーの場合は「出戻り可能」なので、途中、他の会社で働いてまた戻ってきても良いのである。

第2章
士官訓練校マッキンゼー

「UP OR OUT」にビビらされる

2003年4月、僕は緊張した面持ちでマッキンゼーに向かっていた。マッキンゼーが入っているビルは六本木一丁目の「六本木ファーストビル」。同じ一橋大学出身のマッキンゼーの先輩から「最初は真面目な印象を」と事前に言われていたので、髪の毛はビッチリ七三分け。カバンはヤフーオークションで購入した10万円もするハートマンのハードケースをシッカリと抱えていた。

2003年入社組は第二新卒も入れて合計14人。その中で一橋大学出身は僕だけだった。同期の約7割は東京大学、そして多くが修士号取得済み。中には博士号を取得している人間やオックスフォード大学出身の同期もいた。大学で大した勉強もしていなければ、海外にはハワイ以外行ったことのない僕は完全に萎縮していた。

入社して最初の4週間は研修期間である。ここではマッキンゼーの制度や各種分析ツールの説明を受け、また同期何人かのチームに分かれてケース課題にもチャレンジする。

この中で最も印象に残っているのは、成田エクスプレスのケース・インタビューの面接官だったパートナーOさんの話だ。Oさんは当時、ビジネス・アナリストの教育プログラムの責任者。Oさんは部屋に入るや否や、

「この中で、海外のMBA留学に興味がある人って何人ぐらいいるかな？　興味ある人、手を挙げてみて……」

と、座っている僕達に対して質問をして来た。もちろん、MBA留学に興味が無いわけがない。僕も含めてほぼ全員の同期が手を挙げた。

「あぁ、多いね。」

Oさんはそんな風につぶやいてから、マッキンゼーの留学制度について話を始めた。

「皆さんは皆、ビジネス・アナリストですが、昇進してアソシエイトになるとMBA留学に参加できる権利が得られます。一般的な日本企業だとMBA派遣の権利を得られるのはごく一部ですが、マッキンゼーの場合は基本的にアソシエイト昇進者ならば対象となります。もちろん、選考試験はありますが。」

一般的な日本企業の場合、年に数人のみのMBA留学生枠しかない中、この制度は非常

に魅力的に聞こえた。

「生活費は一部のみですが、学費は全てマッキンゼーが負担します。但し、留学から帰ってきて2年以内に辞めた場合は自己負担となります。」

日本企業の場合、留学中も給与がもらえる。それと比べると見劣りするものの、それでも2年間で「借金帳消し」になるのは魅力的である。

「まぁ、この中で何人が生き残ってアソシエイトになるかはわからないですけどね。」

……。

そうなのだ。誰しもアソシエイトになれるわけではない。マッキンゼーの厳しさを表現する有名な言葉として「UP OR OUT」、日本語訳すると「成長せよ、できなければ去れ」がある。マッキンゼーにおける成長の尺度はいわゆるタイトル（職位）。従って、これは言い換えれば「昇進できなければ去れ」である。「万年平社員」なんて安住は決して許されない。

僕が入社した当時のおよその目安で言えば、ビジネス・アナリストからアソシエイトに昇進するまでの猶予が3年8カ月、アソシエイトからマネージャー、マネージャーからアソシエイト・プリンシパル、アソシエイト・プリンシパルからプリンシパルまでがそれぞ

図4●マッキンゼーのタイトル

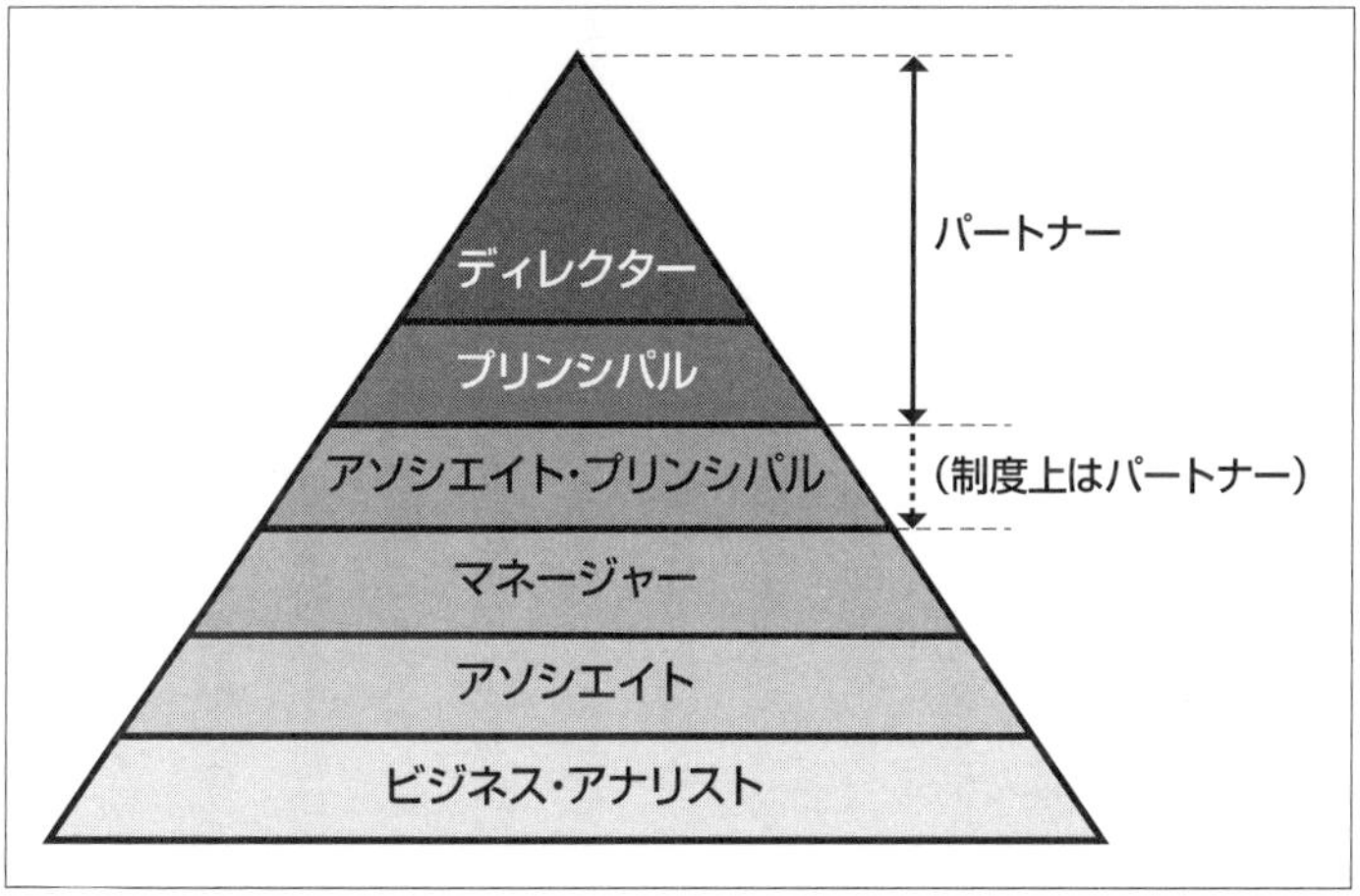

れ約3年である。従って、新卒で入った場合は最大で約13年、年齢で言えば遅くとも大体35歳までにはマッキンゼーの経営陣（パートナー）にならなければならないのである（図4）。

では、どのようにして昇進が決まっていくのか。マッキンゼーにおいてはＥＰＲ（Employee Performance Review）と呼ばれるプロジェクトごとの成績表と、それを総合した最終評価であるＳＡＲ（Semi Annual Review）が存在する。これらの評価はパートナーやマネージャー陣によって多大な時間を掛けて、厳格に行われる。１人のＥＰＲを書き上げるまでには数時間が費やされるし、ＳＡＲの評価委員会では何人ものパートナーが数日間、缶詰状態で討議する。上司に「ごますり」なんて何の意味もない。生き残りたければ昇進するしかなく、昇進するためには成長しなければならないのだ。このような環境だからこそ、各コンサルタント達は自分をどのようにして成長させていくのか、常に真剣に向き合わなければならない。

ＥＰＲの評価シートは職位ごとに分かれていて、そこには職位別に必要なスキルが20個程、書かれている。評価者は各人のそれら20個のスキルを４段階評価する。「４：次の職位水準に達している」「３：今の職位としては一人前」「２：今の職位の１、２年目としては適切な水準」「１：頑張りましょう」。そして更に総合評価が、同様の４段階評価で行われる。

ここまでならば他の企業にも存在する。しかしマッキンゼーの評価制度がよくできていると思うのは、20個それぞれのスキル別に「このスキルに関して、ここまでしかできていない人はポイント１、ここまでできればポイント２……」と詳細に書き記されていることである。このように具体的に書き記されているため、評価者によって評価が大きく異なることを抑制できるのである。

更に平等性と透明性を担保するための評価制度がSARである。SARとはその名が表すように年2回の評価だ。例えばビジネス・アナリストであれば、ビジネス・アナリスト全員を同じ評価者が評価すべく、5、6名のコミッティ・メンバーが評価委員会で年2回の最終的な評価を下していく。ここでの評価材料のベースはEPR。しかしそれ以外にも、コミッティ・メンバーが各評価対象者のプロジェクトの上司に個別インタビューなどを実施し、更に厳密に評価を行っていく。

SARの最終的な評価は5段階評価で、この評価が各人の昇進スピードや給与および賞与に直結する。評価はEPRと同じく絶対評価であって、マッキンゼーにおける一般的な成長尺度（この職位のこの年次であればここまではできる、というもの）と照らし合わせて、その尺度より高いか同じか低いかを評価するのである。同じだと「3：成長尺度と同じ」という評価になるが、マッキンゼーにおいては3は合格点。3未満だと成長尺度よりも遅れているため、今まで以上に自分自身を改善しなければならないというシグナルになるのだ。

成果主義を導入したものの上手くいかない。こんな話はよく耳にする。しかしそれは成果主義が悪いのではない。企業の経営陣や管理職が多大な時間を掛けて「公平な成果の評価」をしていないのである。なぜ、マッキンゼーにおいて「UP OR OUT」が機能しているのか。そこにはここまで徹底した平等性と透明性が存在するからである。だからこそコンサルタント達は、純粋に自らの成長を追求することができるのだ。

ロジャー・クライン・アウォードを受賞する

そんな緊張感の中、僕の経営コンサルタント生活は始まった。最初のプロジェクトはとあるPCメーカー。価格競争も始まっていた中、「いかに自社の資産を活かして、差別化していけるか」が課題だった。1カ月半前から始まったそのプロジェクトは、残すところあと1カ月半。途中参加する形で配属されたことが決まった日、僕はアソシエイト・プリンシパルのKさんに呼ばれた。Kさんは新卒の研修プログラム責任者で、このプロジェクトの責任者の1人でもある。

「じゃあ、田中さん、今日から頑張ってね。」

「はい、何からやればいいでしょうか。まずは今までのプロジェクトの成果物を読み込めばいいですか？」

途中参加なのでこのプロジェクトが今、どんなことをやっているのか全くわからない。ならばまずはプロジェクトを理解するのが第一歩だろう。そんな思慮のもとの提案だった。

「いや、そんなことしなくていいよ。その読み込みの時間は田中さんのバリューがゼロになっちゃうからね。バリュー出しながら徐々に理解していけばいい。」

おぉ、早速、軽い洗礼が来たな……僕は心の中で呟いた。研修期間中、何度も言われたことが**「常にバリュー（価値）を出すように」**。黙って聞いているだけ、勉強しているだけの時間なんて許されない。会議中に何も発言しないならば、ジュースや弁当を買ってくる方がまだバリューがある。そんな徹底した「バリュー主義」を改めて思い知った。

「そうだなぁ、まずはインターネットの市場環境について理解したいので、ここ数年のインターネットの市場規模推移を調べて、チャート（図）に落としてもらえますか？」

「は、はい。わかりました。」

「それをチャートにしたら、マネージャーのOさんに見てもらって下さい。」

そう言い残して、Kさんは部屋から立ち去って行った。

そしてその日、数時間掛けてインターネットの市場規模を調べた。それをパワーポイントのチャートに落とす。一般的にはチャートとはグラフや図表を意味するが、マッキンゼーにおいてはそれらを含めた「プレゼンテーション資料の各ページ」を意味する。今回は折れ線グラフが最もわかりやすいと思い、そのチャートを持ってマネージャーOさんの机に向かった。

「はじめまして。新卒入社の田中です。よろしくお願いします！」

Oさんも僕と同じくアナリストの新卒入社組。途中、ＭＢＡ留学を経てマネージャーになった方だった。ジェルでカチッと固めた髪型にクールな眼鏡、そして身長も高いOさんの出で立ちはいかにも「ザ・外資系コンサルタント」。僕は少し緊張しながらOさんの返事を待った。

「あぁ、よろしくお願いします。じゃあ空いている会議室に行こうか。」

Oさんはニコリともせず、会議室に向かって歩き始めた。そしてその後を付いていき、会議室に座るや否や、僕のチャートを見ながらOさんは僕に聞いた。

「えぇと、このチャートの目的は何？」

「も、目的ですか？　いえ、あの、Kさんにそれをまとめるようにと言われたので、まとめただけなのですが……」

「それじゃ駄目なんだよね。研修でも習わなかった？　イシューって。僕達は常に**『イシューを解く』ために分析をするのであって、その目的が不明確なままやる分析はバリュー（価値）無いんだよ。**」

本日2回目の洗礼だった。確かにそれは聞いていた。しかしKさんからは、プロジェクトの理解は後でいいから、まずやるようにと言われたのに……。そんなことを思いつつも、ただOさんは正論を言っているので頷くしかない。

「……はい、すいません。そこを確認していませんでした。」

「まぁ、初日だからいいけどね。今後、分析する時には**『イシューが何か』**を常に意識して下さい。じゃあ次に田中さんにお願いしたいのは……」

こんな感じで、お願いされたことをやってそれを片付けるとまた次の依頼、という繰返しのまま時間が経っていった。あっと言う間の1カ月半だった。結局、僕が途中参加する前の資料には目を通すことなく、マネージャーのOさんやチームの先輩からの依頼に応えるだけで精一杯だった。最終プレゼンテーションの前日、その日は日曜日だったが、チーム全体でプレゼンテーションの最終チェックをしていた。Oさんと僕が2人きりになった時、Oさんは僕に聞いた。

「田中さんから見てさ、このプレゼンテーションってわかりやすいかな?」

正直、プレゼンテーションの内容はチンプンカンプンだった。でも1カ月半やっていながらチンプンカンプンと言うわけにもいかない。

「は、はい。私はずっとOさんや先輩達から話を聞いていたので何とかわかりますが、初めて聞く方には難しいかもしれません。」

完全に見栄を張った答えだった。結局、僕は全く全体像を理解できないまま、そのプロジェクトは最終日を迎えたのである。


間髪をいれず次のプロジェクトに配属された。次はグローバルな自動車部品メーカーのプロジェクト。今回のテーマは、日本・欧州・米国それぞれで行っている多様な開発をいかに集約していくか。そしてその集約によって、会社全体としてのR&D(研究開発)の効率性や効果をいかに上げていくか、だった。自動車業界の場合、サプライヤーが自主的にテーマを決めて開発に取り組む「能動的開発」だけではない。自動車メーカーの意向を踏まえて推進する「受動的開発」も多い。そのため、開発拠点を単純に1カ所にはできない。またR&Dに関しては、その開発に何年費やすのか、幾らの費用がかかるのか、そしてその開発によって幾らの売上増を見込めるのかも全て不明瞭。場合によっては開発できないこともあり得る。そのため、単純にROI（費用対効果）で物事が決まらないことも更に管理を複雑にする。このような複雑性を勘案しつつ、いかに集約の方向に持って行くか、この絵を描くことがマッキンゼーに課せられたミッションだった。

このプロジェクトは最初のと違ってプロジェクトの開始と同時に配属された。今度こそ全体像を理解しながら進めるぞ。そんな風に意気込みながら、配属が決まったその日、僕は本屋に直行した。自動車業界のことも知らなければ、研究開発のことも全く知らない。少しでもハンディキャップを埋めるべく、僕は自動車や研究開発関連の本を5冊買った。

また世界中のマッキンゼーで共有されている社内データベースの一つにPD（Practice Document）と呼ばれるものがある。マッキンゼーのプロジェクトの内容はたとえ会社内でも共有されることはない。プロジェクト間には高いファイヤーウォールが存在し、守秘義務が徹底されている。だからこそ、ある産業の1位企業と2位企業のプロジェクトを同時に受注する、といったことも可能なのである。しかしこのままだと個人に知識は蓄積するものの、会社としての知識や知見は蓄積されない。その問題を解消するために生まれたのがPDなのである。PDにはプロジェクトの内容はもちろん、クライアント企業の名前すら書かれていない。書かれているものはあくまでそのプロジェクトで得た「学び」である。「自動車産業には今、こんなトレンドがある」や「研究開発に秀でているのはこんな企業」、「あなたが研究開発のプロジェクトに配属されたら、こんな風にプロジェクトを進めるべき」といった内容が書かれているのである。「自動車業界」や「研究開発」といったキーワードにヒットするPDをダウンロードし、その夜は大量の本とPDを一気に消化していった。

その翌日、僕は「今日は少しでも発言し、会議の中でもバリューを出すぞ！」と意気込みながら会議室に入った。しかしその意気込みも束の間だった。出席者を見て早くも不安がよぎったのである。そこには既に4人座っていたが、その中に1人、青い目の外国人が座っていた。マッキンゼーのクライアントの多くはグローバルに展開する大企業。そのため、マッキンゼー側の体制も海外オフィスとの混合で組まれることが多い。そんなことは承知していた。しかしいきなり2個目のプロジェクトで、英語プロジェクトにぶち込まれるとは……。僕は予期せぬ事態に戸惑うばかりだった。しかしそんな僕には構うことなく、会議は早速、始まった。もちろん言語は英語。内容は何となくしかわからない。もちろん発言なんてできるはずもない。結局2個目のプロジェクトも初日は惨敗だった。

その後もしばらくは、マネージャーから依頼されたデータを提供するだけで手一杯だった。自分がもがいている間にプロジェクトはどんどん進んでいく。またもや俺は全体像を理解できぬまま、与えられた宿題をこなすだけで終わるのか……。何とも言えない不安を感じ始めていた。

しかしある日、急に風向きが変わった。キッカケはクライアント企業の責任者との中間報告会だった。まだ最終的な報告ではないため、実際は「報告」というよりは「討議」に近い。マッキンゼーが資料を用意し、残り2カ月間をどうやって進めるのかを話し合っていく。

その資料の1枚にとあるグラフがあった。それは、企業別の営業利益率（縦軸）と売上高研究開発費率（横軸）のプロット図（次ページ図5）。「幾ら研究開発費に投資するのが妥当なのか」のヒントになるかと思い、マネージャーが用意したものだった。しかしそこ

図5●営業利益率と売上高研究開発費率のプロット図(イメージ)①

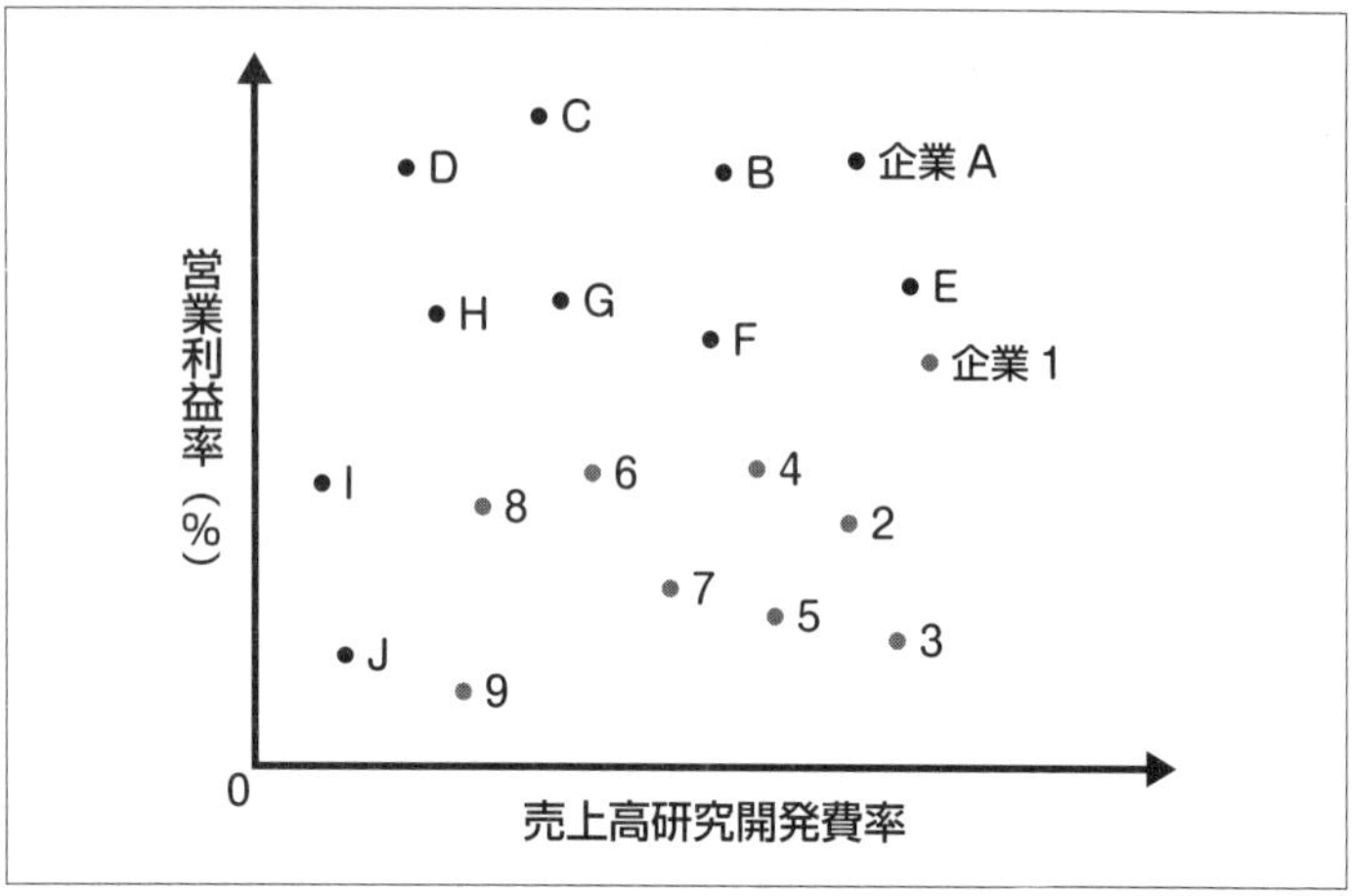

には明確な相関性は存在せず、資料の中でも「参考情報」という位置付けだった。マネージャーもプレゼン中にはあまり触れなかった。

しかしこのプロジェクトの総責任者であるパートナーのSさんの反応は違った。そのグラフを見ながら、横に座っていた僕に囁いた。

「田中さんさ、これってもっと分析できないかな。何かもっと面白い意味合いが出ると思うんですよね……。開発費っていわゆるコストというよりも投資的な側面が大きいじゃない？　1億円あるとして、それを開発費として投資することもできるし、営業利益として内部留保することもできる。

図6●営業利益率と売上高研究開発費率のプロット図(イメージ)②

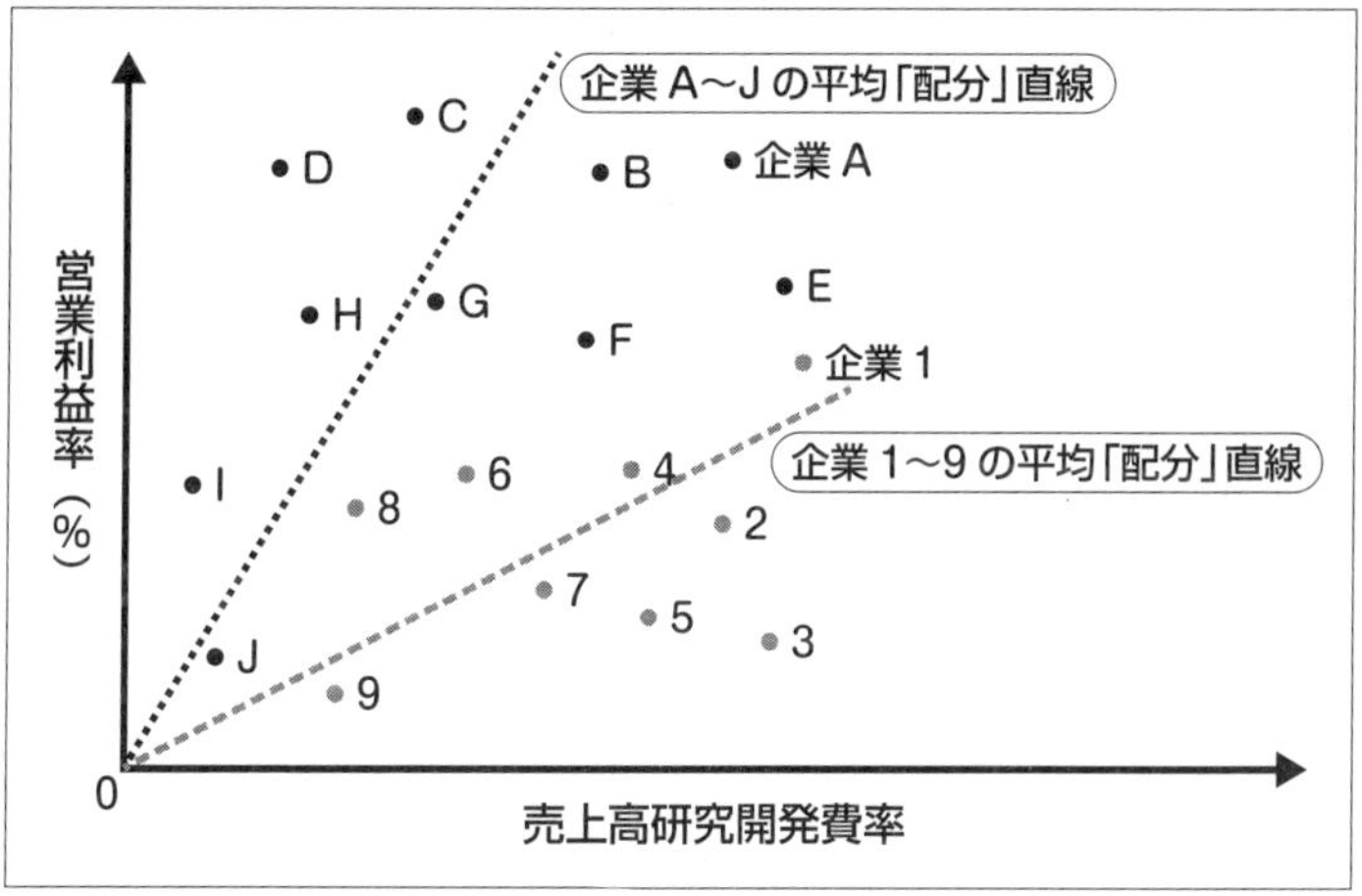

これは経営判断であって、その判断、言い換えれば『営業利益と開発費の分配』がどう推移しているかを分析できないかな。例えば、こんなグラフだったらこんな風な『配分』直線（図6）が描けると思うんだけどさ……」

今思えば、当時、Sさんもこの分析に大きな期待はしていなかったと思う。「もう少し違う角度から分析してみたら何か面白いことが言えるかも」。そんな淡い期待だったはずである。だからこそ新卒1年目の僕にやらせたのだ。それでもその時の僕はパートナーから直接、分析の依頼をされたことに興奮していた。

それから僕はまず、どのような計算式で

本分析を進めるかを検討した上で、次に全世界かつ全産業のデータをくまなく収集し、データとの格闘を続けた。平日は深夜まで、土日も朝から夜まで出勤し、ただひたすら分析を繰り返した。「空振り」になる可能性も高い分析だったため、マネージャーからこの分析に許された時間は1週間のみ。クライアント企業からお金をもらっている以上、僕の時間をそれ以上費やすことは許されなかった。

しかし1週間経っても結局、大した発見は得られなかった。せっかくSさんから面白い機会を与えられたのに、こんな風に中途半端に終えるなんて……。そう思うや否や、僕は旅行代理店に電話した。時期はちょうどお盆休み。翌週からプロジェクトは1週間の休みに入る予定だった。僕もアジアの島国に一人旅する予定だったが、急遽キャンセルした。浜辺でのんびりするよりもこの分析を続けていたかった。この時期は他のプロジェクトも休みになることが多い。がらんとしたオフィスの中、僕はTシャツとハーフパンツ姿で1人しこしこと分析を続けた。

そして休み返上で分析を続けた3日目、僕は幸運にも**「面白い発見」**に遭遇することができた。**研究費分配比率を「市場別」「地域別」かつ「時系列」の3軸で整理をすると、とある法則を導くことができた**のである。お盆休み中、パートナーのSさんは出勤していたので、僕は3枚程のチャートを持ってSさんの部屋に向かった。もちろんアポなしの突撃である。

「こんな結果が出たんですけど、これって面白くないですか⁉」

「あぁ……いいじゃない。面白いよ。」

「ちなみにSさんが最初に仰っていた計算式ではなくて、こんな風な計算式に変えたんですが……」

僕は興奮気味に、Sさんの部屋の横のホワイトボードに計算式を書き始めた。1年目の新卒がパートナーに議論を仕掛ける姿は、さぞ滑稽だったと思う。しかしSさんも優しい人で、きちんと話を聞いてくれたし、追加アドバイスもくれた。そしてそんなアドバイスも加わって、この分析結果とそれに基づく提案はこのプロジェクトの骨子の一つとなった。そしてこの分析には名前が与えられた。その名も**「リソース・プール・アナリシス」**。クライアントの責任者も大いに満足し、僕は初めて手応えを摑んだのである。

それから約半年後——僕はマッキンゼーの年末のパーティー「イヤー・エンド・パーティー」の最中、ずっとドキドキしていた。その理由はただ一つ、その年の最優秀分析を称える**「ロジャー・クライン・アウォード」**の発表があるからだ。コンサルタントは毎日、過酷な日々を送っているので、クライアントの抱えるイシューに答えるだけで精一杯。どうしても効率的に物事を進めることにフォーカスしがちになる。しかしこんな毎日を送っていては、仕事がルーチン化することは避けられないし、コンサルタントの創造力も養われない。そんな問題意識に基づいて生まれたのが、このロジャー・クライン・アウォードだ。第一ステップとして、まずは各マネージャーが自分の担当プロジェクトの中からユニークな分析を推薦する。そしてパートナー会議の中で、その候補の中から最優秀分析を選んでいく。

聞いた話では、この賞はかつてロジャー・クラインというマッキンゼーのパートナーが日本に立ち寄った時から始まったそうだ。日本のあるパートナーがユニークなバッグを手にしているのが彼の目に留まった。「面白いバッグを持っているな。そのバッグを若手コンサルタントに与えたらどうか」。そんな助言から始まったそうだが、真偽の程は定かではない。

僕にとってイヤー・エンド・パーティーは2回目だった。最初に参加したのはその前年。

まだ僕が内定者だった時だ。その時、ロジャー・クライン・アウォードを受賞したのは、現あきんどスシロー専務の加藤さんだった。「今年の受賞者は加藤智治さんです！」。そう司会者に呼ばれ、スポットライトを浴びながら分析のコンセプトを説明する加藤さんは、僕だけでなく他の内定者の憧れの的だった。

そんな憧れの人と同じ賞をもらえるかもしれない……そんな期待を持ったのはパーティーが開催される1週間前のことだった。「田中さんのあのリソース・プール・アナリシス、ロジャー・クラインに推薦するから資料を送ってもらえますか？」。そんな電話がマネージャーから掛かってきたのである。僕はすぐさま資料を送り、それから1週間は「受賞したらどんなコメントをしようかな……」とワクワクしながらその日を待っていた。

パーティーも1時間程経過し、僕もちょっと酔ってきたところで、会場の前の方に成田エクスプレスのパートナーOさんが現れた。

「ええ、お待たせしました。それでは今年のロジャー・クライン・アウォードを発表したいと思います。今年の最優秀分析は三つあります。それぞれ受賞者は前に来て下さい。」

人がぞろぞろと前に集まり出した。すかさず僕も前に行く。

写真3●ロジャー・クライン・アウォードを受賞（右から2人目）

「では早速、行きましょう。まず第3位。僕はその昔、ある交通機関のプロジェクトをやっていたことがあって……」

ここでOさんの思い出話が始まった。もったいぶるなぁ……そう思いつつも耳を傾ける。

「では今年の第3位です！　金田修さんです！」

当時、僕はまだ金田さんのことを知らなかったため、金田さんの受賞コメントは全く聞いていなかった。それよりも早く次の受賞者を！　Oさんが話を再開するのを心待ちにしていた。

「ええ、では第2位に行きたいと思います。僕が自動車のプロジェクトに最初に配属されたのは……」

ｷﾀ━━━（゜∀゜）━（　゜∀）━（　　゜）━（　　）━（゜　）━（∀゜　）━（゜∀゜）━━━!!!!

頭の中はお祭り状態だった。自動車って言えば絶対、俺だろ！　そんな確信があった。

「**今年の第2位は……ニューBAの田中裕輔さんです！**　前の方にどうぞ！」

人ごみをかき分けながら僕は皆の前に立った。これが、加藤さんが去年浴びたスポットライトか……。目の前に立っている2年上の先輩が「すごぉい」と呟いているのが耳に入る。最高の瞬間だった。それから短い受賞コメントをしたが、緊張していたので、用意していた「分析のコンセプト」の説明はできなかった。

「ありがとうございます！　これからも頑張ります！」

そんなありきたりの挨拶をするだけで精一杯だった。僕は賞品のＴＵＭＩのバッグを抱えながら、夢見心地で舞台を降りた（写真3）。

プロジェクト公募制度に助けられる

そんな最高の瞬間を味わえた1年目の年末だったが、それまでは必ずしも順風満帆とは言えなかった。受賞から遡ること1カ月、僕は完全な悪循環にハマっていた。

そのプロジェクトのクライアントは大手商社の資源部門。僕にとっては4個目のプロジェクトだった。プロジェクトの課題は「今後、どの国のどの資源を獲得していくべきか」。大きなプロジェクトだったため、10人近いメンバーが「Aチーム」「Bチーム」「Cチーム」と三つのチームに分けられた。

プロジェクト開始後、最初の2、3週間は順調だった。1個目のプロジェクトの責任者の1人でもあったKさんもこのプロジェクトのメンバーで、僕と同じAチーム。Kさんがクライアントと合意した「魅力的に見える資源市場」について、本当に魅力的かどうか、市場や競争環境を調べていった。「週に1資源」のペースなのでとにかく時間が無い。また資源の情報はインターネットでいくら検索しても見つからない。「資源ホニャララ財団」に赴いて資料を収集したり、「資源ホニャララ新聞」のバックナンバーをまとめて購入したり、海外のマッキンゼーの資源エキスパート達に話を聞いたり……ありとあらゆる手段で情報を収集した。また情報を収集するだけでは終わらない。それらの情報に基づいて、マッキンゼーとしての「初期的な投資判断」を提案しなければならない。この一連の流れを1週間で終えなければならないのである。それは過酷な毎日だった。深夜の3時まで残業するのは常態化していたし、睡眠が足りない時はトイレに駆け込んで、トイレの中で昼寝をするのも日常茶飯事だった。

しかし肉体的には大変だったが、知的には面白い毎日だった。特に印象に残っているのは僕がとある資源の市場価格推移のチャートをKさんに見せた時だ。僕にとっては単なるデータに過ぎなかった。しかし彼はこのチャートを見て「このような価格変動の大きな市場において成功するためには……」というインサイト（洞察）まで引き出すのである。それはまるで魔法のようで、僕はかき集めた情報をKさんに見せるのが楽しみで仕方がなかった。

「肉体的には辛いけど精神的には楽しい」生活が一変したのは、僕がBチームに配属された時だった。Bチームの現場リーダーは、Kさんと同じ職位にある日本語ペラペラのロシア人Gさん。悲劇はチームABC全体合同会議の時に起こった。それは、あるパートナーがチームBの方向性について話をしていた時だった。

「僕はそう思わない！」

Gさんは突然怒り出し、涙目でそのパートナーに訴え始めたのだ。

「いや、じゃあGさんは私のこの指摘に対してはどう思うのさ。」

パートナーは冷静に対応する。

「そんなことどうでもいい！　何で僕に任せてくれないの！」

そしてGさんは急に立ち上がって、その部屋から出て行ったのである。パートナーはふぅと溜め息をついて「じゃあ他のチームについて話をしようか」と会議を再開した。その後、会議は淡々と進み、僕はただ黙って話を聞いていた。

さぁ、困ったぞ……僕は内心、呟いた。その時、Bチームのメンバーは僕とGさんだけだった。Gさんが戦線離脱すると僕は孤立する。それでもやるしかない。とりあえず僕はパートナーが言っていた話の内容に沿って資料を作り直し、その夜、Gさんに見せに行った。Gさんは資料を見ることなく「もう僕はいいよ」。彼は完全な抜け殻状態だった。

パートナーもこの事態を重く見て、翌日、Gさんと僕の2人チームに新たなマネージャー代理が加わった。「あぁ、これで何とかなるかな……」と安心したものの、事態は更に悪くなった。彼の指示は納得いかないことばかりだった。「それはなぜですか？」「これはこうではないでしょうか？」、僕は質問や意見を繰り返したが、これが彼の機嫌を損ねた。それからというもの、彼は僕の話をあからさまに無視するようになる。もちろん、Kさんなど彼にとっての上司がいる場では、ちゃんと僕の話を聞くふりをする。一方で彼にとっての上司にあたる人がいない場では、徹底的に僕の意見を無視するのである。Gさんに助けてもらいたくとも、彼はずっと抜け殻状態。完全に僕はドツボにハマッてしまったのである。

こんな時、普通の人ならば「辞めたい」となるだろう。しかしこんな時でも僕が辞めたいと思わなかったのは、「あと1カ月我慢すれば、こんなメンバーと離れられる」と思えたからだ。マッキンゼー的に言えば**「息を止めて我慢すればいい」**のである。ここにもマッキンゼーの制度の素晴らしさがある。

人間にはそれぞれ相性というものがある。僕はGさんとも前述のマネージャー代理の人とも仕事の上では全く合わなかったが、別に人間として大嫌いなわけではない。たまたま僕は彼らと「仕事の相性」が合わなかったのである。仕事の相性が悪いメンバーをそのまま一緒にしておくのは、会社にとって良くない。1＋1が2未満になるからだ。**プロジェクトによってメンバーが変わるのは、こんな時、有効に機能する。**

なお、マッキンゼーでは毎週「Eチョイス」というプロジェクトメンバーの公募メールが送られる。このメールを見るのは毎週、密かな楽しみだった。そこにはプロジェクトの概要や現在のチーム態勢、期間や募集する人数などが記載されている。そのリストを見ながら、コンサルタント達は次に入りたいプロジェクトの希望を提出するのだ。そしてそのプロジェクトの担当パートナーやマネージャーが協議をしながら、誰を配属させるか決定していく。

余談だが、この「Eチョイス」をもじって、特定の男性社員間では「いいチョイス」なるメールが不定期で配信されていた。僕も二度ほど「とりまとめ役」を担当したが、要は合コンメンバーの公募メールである。メンバー達から開催可能な合コンをヒアリングし、それをリストアップする。合コンの概要、必要人員数、求められるスキルなどを記載し、希望を受け付ける。そしてその希望に基づいて、チーム態勢を決めていくのである。もちろんこんなバカなものを会社が認めるはずもなく、あくまで非公式の存在。たまに女性社員に見つかって怒られることもあった。現在、存続しているかどうかは知らないが、こんなバカなやり取りではあったものの、過酷な生活の中の清涼剤のような存在であるのは確かだった。

フィードバックが成長を加速させる

そんな楽あれば苦ありの生活を乗り越え、入社1年目の正月を迎えた。その直前にもらった初めてのＳＡＲの結果は「３：成長尺度と同じ」。「ロジャー・クライン・アウォードを獲ったのに、普通かよ……」とも思ったが、大手商社のプロジェクトではコケていたので仕方ない。年明けから頑張ろう、と気を取り直した。

年明けから本格的に始まった5個目のプロジェクトのクライアントは大手通信関連企業。テーマはBPR（Business Process Reengineering）といって、彼らがお客様にサービスを提供するまでの納期を短縮すべく、業務プロセスを見直していくものだった。マッキンゼーのプロジェクトは大きく戦略系とオペレーション系に分かれるが、これは明らかに後者。戦略系の場合はマッキンゼーのオフィスで働くことが多いが、オペレーション系の場合は現場張り付きが基本。僕は埼玉や千葉に通勤し、クライアント企業のメンバーと共に施策の計画、実行、検証を繰り返した。結局、僕はこのプロジェクトに1年間所属したが、途中から担当パートナーには「ミスターBPR」と呼ばれるようになる。EPRの評価も上がっていき、僕の中でも自信が芽生えていった。

本当は1年以上でもやりたかったし、クライアントもそれを望んでくれた。しかしマッキンゼーがそれを許してくれなかった。なぜなら1年以上同じプロジェクトをやっていると「大きな成長」を望めないからだ。人間が成長するのは新たなチャレンジに向かい合っている時。1年以上同じプロジェクトをやっていると、新たなチャレンジが少なくなってくるのである。

ちょうど2年目のイヤー・エンド・パーティーが近くなった日、僕はそのプロジェクトの先輩であるHさんに次のプロジェクトの相談をしていた。場所は会社の近くの和風レストラン。オカズが食べ放題なので、マッキンゼー社員にも人気の場所だ。

「Hさん、僕、そろそろプロジェクトを出ろって言われているんですけど……」

「あぁ、そうか。田中さんもそろそろ1年経つもんね。」

「はい、そうなんです。許されるなら、もっと続けたいんですけどねぇ……」

「いや、それは止めた方がいいよ。成長も止まっちゃうし、昇進も遅れちゃうよ。」

「あぁ、やっぱりそういうもんなんですねぇ……。これから始まるプロジェクトで面白そうなものって何かありますかね？」

Hさんは少し考えて、間を置いてから答えた。

「一昨日、Eチョイス届いていたけど、X社なんかは面白そうじゃない？　田中さん、小売・消費財関連も興味あるって言ってなかったっけ？」

「あぁ、はい。確かにそうですね。あのプロジェクトってチームメンバーは誰だか知っていますか？」

「あれは確か……山梨さんが担当パートナーで、マネージャーは金田さんじゃないかな。金田さんは財務省出身でアソシエイト入社の人だけど、知らない？」

「金田さん、ですか……顔が浮かばないですが、ちょっと話を聞いてみた方がいいですかねぇ……」

そんな曖昧な返答をしていると、Hさんが「あ、ちょうど来た！」と言った。金田さんが同僚と一緒にレストランの中に入ってきたのだ。

「あれが、金田さんだよ。」

Hさんが僕にこそっと教えてくれた。ちょうど金田さんが僕達の席の後ろに座ったので、僕は立ち上がってその席へ行った。

「金田さん、はじめまして。2年目BAの田中です。そろそろ今のプロジェクトが終わるのですが、次のプロジェクトに関して相談に乗ってもらってもいいですか?」

「あぁ、ぜひぜひ。」

そしてその後、オフィスに戻って金田さんに次のプロジェクトの話を聞いた。その内容は非常に面白そうだったので、Eチョイスでは迷わず第一希望として選択。希望は無事に通って、僕は2年目の年明けから、初めて小売・消費財プロジェクトに携わることになったのである。

振り返ってみると、あのレストランで金田さんに話し掛けたのが、僕にとって人生の大きな岐路となった。このプロジェクトの中で僕は小売・消費財業界の面白さの虜になってしまった。自動車も資源も通信もハイテクも何だか「手に取れる感覚」がなくて、サラッと表面的に理解しているだけの気がしていた。でも小売や消費財は違う。自分の日常にあるものなので、手に取って深く考えることができる。「この食品はなぜ売れるのか?」「このスーパーはなぜ繁盛しているのか?」、実物を見ながらこのようなことを深く考えるのは楽しくて仕方がなかった。

また、小売・消費財業界グループには山梨さん、金田さんがいることも僕にとって大きな価値だった。特に金田さんからは直属の上司としてたくさん挑戦する機会をもらえたし、成長するためのフィードバックも数えきれないくらいもらえた。僕の作成した資料、僕のプレゼンテーション、僕のコミュニケーション。何か改善すべき所があれば彼はすぐに僕に教えてくれた。その内容はどれも僕にとって非常に価値があって、これらがあったからこそ、今の僕があると思っている。

例えば、マッキンゼーにおいては、**全ての思考のステップは「空雨傘」であれ**、と叩き込まれる。**空とは「ファクト」**である。家を出る。空を見上げる。「雨雲があるな」。これは紛れもなくファクトである。次に**雨とは「意味合い」**である。雨雲を見て、人は瞬時に「もうすぐ雨が降るかもしれない」と判断する。「ファクトが何を意味するのか」、これを抽出することが二番目のステップである。そして最後の**傘とは「打ち手」**である。雨が降るかもしれないという判断に基づき、「傘を持っていく」という打ち手を実行する。これら**「ファクト→意味合い→打ち手」の論理的なステップを踏む**のが、マッキンゼーでは常々、求められるのである。

しかし、僕は金田さんから何度も「論理的な思考能力が粗い」というフィードバックを受けた。チャートを見せるたび「ここに書いてあるメッセージは『雨』じゃなくて『傘』だろ」と指摘された。最初は何が『雨』で何が『傘』かよくわからなかった。それでも何度も指摘され、そのたびに一緒になって「この時の『雨』は……」と考えてくれたので、僕も徐々にその感覚を養うことができた。これこそがフィードバックの効用である。

もちろん、これは数あるフィードバックの中でも一例に過ぎない。僕が分厚くて難解な資料を作った時には「伝えたいことだけに絞って、かつ読み手に簡単に伝わる資料にしろ」と注意された。僕のプレゼンテーションを見て「もっとゆっくり話をし、聞いている人の表情を見ながら進めろ」とも言われたし、僕が後輩に対して指導しているのを見て「相手が自分の求める水準に到達していなくとも、少しでも改善できたところは褒めるべき」とも言われた。どれも指摘されないとわからないことばかり。もちろん指摘される時は「グサッ」と来るが、そんなものは一瞬のこと。指摘されて成長していけることの方がずっと重要なのである。

フィードバックは悪口ではない。傷つける目的ではなく、相手を成長させる目的である。

これを履き違えて、部下をどなることがフィードバックだと思っている人も多い。どうすれば、相手を傷つけることなく、建設的なフィードバックを与えられるか。ここで**フィードバックを与える時に守るべき「三つのルール」**を書いておきたい。

一つ目。それは最初に「強み」から挙げることである。他人を評価する時はどうしても欠点の方が見えやすい。しかし、その欠点は強みの裏返しでもある。例えば僕の場合、思考能力の粗さが指摘されたが、それは「まずは実行してみよう」という実行力の裏返しだったりする。ただ欠点を羅列するだけでは、その評価される側の人間を正しく評価していることにならない。強みを踏まえた上で、何を改善すればその人間はもっと良くなるのかを考え、言ってあげるべきなのである。

また、欠点だけ言われるとどうしても身構えてしまうのが人間である。その意味でも、まずは強みから挙げてもらえると、聞いている方も気が楽になる。「あぁ、自分は駄目人間ではなく、ちゃんと強みもあるんだな……」、それを実感してから欠点を言われるのと、最初からズバズバと欠点を言われるのとでは、受け止め方が大きく変わってくる。だからこそ、「最初に強みから挙げるべき」なのである。

二つ目。それは欠点をそのまま「欠点」とか「弱み」というのではなく、「ディベロッ

プメント・ニーズ（成長すべきところ）」と表現することである。繰り返しになるが、フィードバックの目的は、相手を成長させるため。そのため「欠点」や「弱み」という表現は適切ではないのである。「たかが表現」と思う人もいるかもしれないが、これがなかなかあなどれない。例えばあなたが部長で、とある問題児の課長がいたとする。この課長は部下に対して常に高圧的かつ感情的なので、多くの部下から嫌われている。しかし仕事はできるので、あなたは手放したくない。こんな課長に対して

「あなたの欠点は、部下に対して高圧的で感情的なところ。だから部下から嫌われる。」

なんて欠点を伝えても、そのフィードバックは生産的なものにはならないだろう。そうではなくて、

「もっと優しい口調で落ち着いて部下に話すようになれば、部下はもっとリラックスして仕事をするようになる。そうすればチーム全体の生産性は上がって、あなたはリーダー候補として更に成長できる。」

と伝えれば、その効果は大きく異なってくるのである。前者は「欠点」で、後者は「成長すべきところ」。同じようで全く違うのである。

三つ目のルールは「できないことではなく、精一杯手を伸ばせば届きそうなポイント」

をフィードバックすることである。人間にはどうしても「先天的な」向き不向きがある。例えば右脳的な物事の考え方をする人に対して「論理的思考能力をもっと強くしろ！」と言ってもなかなか容易ではない。また滑舌が悪い人に対して「滑舌をもっと良くしろ」と言っても限界がある。その人の先天的な能力なども勘案した上で、その人が頑張ればできることを伝える。これが最後のポイントである。

＊＊＊＊

よく誤解されるのだが、マッキンゼーにおける「ＵＰ　ＯＲ　ＯＵＴ」は各コンサルタントをふるいにかけるためのものではない。マッキンゼーは採用活動に多大な時間とお金を投資している。その割には限られた人数しか採用しない。そのため、１人あたりの採用単価は他の企業と比べても高い。それなのにどんどん人をクビにしたいわけがない。またコンサルティング・ファームはプロジェクト制なので、昇進させたくともポストがないということもない。人が増えればプロジェクトも増える。従って、全コンサルタントがパートナーになるのがマッキンゼーにとっては最も望ましい姿である。

ではなぜ「UP　OR　OUT」が存在するのか。その理由はただ一つ、各コンサルタントに自身の成長と常に向き合って欲しいからである。コンサルティング・ファームにはトヨタやソニーのような素晴らしい製品も無ければ、特殊なデータの宝庫があるわけでもない。**提供できるものはただ一つ、「人」しかない**のである。その人材の価値が下がれば、会社が提供できるものの価値も下がる。だからこそ、各自が成長と向き合わなければならないのである。

各コンサルタントに成長してもらうため、透明性の高い評価制度を構築し、評価にも時間をかける。様々なプロジェクトを経験させて、常に新たな挑戦をさせる。パートナーやマネージャーは、若いコンサルタント達にフィードバックを与え続ける。**「皆が成長できるよう最大限の支援をする」、これこそがマッキンゼーの姿**なのである。

第3章

イシューからはじめよ

「経営コンサルティング・ファームでは3年働けば十分である」。僕が今までに会ったヘッドハンターは口々に言っていたが、これは正しくもあり間違ってもいる。3年間働けば経営コンサルタントとしての思考術、マッキンゼーで言えば**「マッキンゼー式の思考術」**をある程度、習得することができる。この意味ではこの指摘は正しい。

しかしながら習得すべきものはこれだけではない。次の3年間では、現場責任者として**「プロジェクト・マネジメント」**スキルを習得しなければならない。更に次の3年間はマッキンゼーの一代表者として社内外での**「リーダーシップ」**を習得しなければならない。「マッキンゼー式の思考術」はマッキンゼーでしか学べないのに対して、「プロジェクト・マネジメント」や「リーダーシップ」は、管理職にさえなれば他の会社でも習得できる。しかし、新卒で入社した20代の若者が、管理職としてそれらの機会を得ることは容易ではない。経営幹部の若年化は進みつつあるものの、まだ日本は年功序列の要素が強い。「プロジェクト・マネジメント」や「リーダーシップ」を若いうちから習得する、その意味ではたったの3年間では足りないのである。

さて、本章では、最初の3、4年間で習得すべきマッキンゼー式の思考術のうち、**マッキンゼーにおいて最も重要である「イシュー」**について話をしていく。本章の題名と同題名のベストセラー本『イシューからはじめよ——知的生産の「シンプルな本質」』（安宅和人著・英治出版）をはじめ、幾つかの本でこのコンセプトは既に紹介されている。しかしそれでも、本コンセプトを正しく理解し、仕事に活かしている人は少ない。要は多くの人が理解していない。ここではその理解を促進すべく、守秘義務の範囲内で僕の実体験を詳細に紹介していく。

クエスチョンとイシューの違い

ＩＴ化が進み、情報量が増えている。それにつれて業務上、何かしらの調査や分析を行う必要がある人も増えている。しかしながらなぜ、その調査・分析を行っているのか、目的意識が曖昧なものがほとんどである。何となくエクセルで分析をしてみた、何となくパワーポイントで綺麗にしてみた、こんなものばかりである。もちろん、中にはそれなりに役立つ分析結果や資料もある。しかしこれは単なる「ラッキー」である。筋トレでもよく言われるが、目的意識が明確な場合と曖昧な場合では、その生産性が圧倒的に変わってくるのである。

　ではどうすれば生産性を向上できるのか。そのための**第一歩は、あなたが調査・分析で何の質問に答えているかの「クエスチョン」を明確にする意識を持つこと**である。例えば上司に「競合調査」を頼まれたとする。競合調査と言われても、何から手を付けていいのかわからない。とりあえず自分の会社の競合の名前をインターネットで検索し、情報を収集する。そうしているうちに気付いたら夜……こんな経験、誰しも一度はしたことがあるのではないだろうか。

　なぜこんなことになってしまうのか。それは何のために調査・分析をしているのか、つまり答えるべきクエスチョンが明確でないからである。クエスチョンを明確にし、その質問に答えることに集中する。漠然と「競合調査」をするのではなく、例えば「競合の製品は自社と比べて品質が高いのか?」の質問に答えることに集中する。このような「クエスチョンの明確化」をするだけでも、生産性は大きく変わってくる。

　しかしながらクエスチョンの数は無限である。これらに全て答えようとするとあなたは調査・分析を一生、やり続けなければならない。「クエスチョンの明確化」がレベル1だとすると、**レベル2はクエスチョンの中でも「アクション仮説を検証するためのクエスチョン」に絞って答えること**である。このレベル2はどういうことなのか。具体例を使って、説明していこう。

例えば僕が「ロコンドのお客様ってどんな人なのか、ちょっと分析して」とお願いしたとする。ここにはアクションの仮説は存在しないので、この質問は単なる「クエスチョン」。レベル1の水準である。このクエスチョンを受けた社員は一体、何から手を付けるだろうか。まずありがちなのは、すぐ手に入るデータから分析を始める、ということである。インターネット事業の場合、多くの情報が比較的容易に得られる。時系列でお客様の数や客単価はどのように推移しているか、ロコンドの顧客の何%が東京に住んでいるか、2回以上注文をされているお客様は何%か、男女比率はどれくらいか、年代別にはどんな顧客構成になっているか。これらのデータは比較的簡単に手に入るため、これらから分析していくことは容易に想像できる。

しかしこれらのデータで売上増につながるヒントを得られなかった場合、何が起こるだろうか。次に考えられるのは、これらのデータを「掛け算」で見ることである。「都道府県別」の「2回以上注文比率」はどう異なるか、「年代別」に「客単価」はどのような差異があるか、「男女別」の「年代比率」はどうなっているか。このような掛け算をやり始めると完全にドツボにハマっていく。最初の分析で5個の分析をやったとすると、掛け算分析は10パターン。もし最初が10個の分析であったとすると、合計45パターンにもなる。エクセルを駆使すればその分析自体はそれ程、難しくはないかもしれない。しかし、1個のパターンを実施し、その結果を理解して考えるためには最低でも10分はかかる。そうなると45パターンの分析に必要な時間は7時間30分。この社員の1日の業務はこれで終了である。

これで何か素晴らしいヒントが得られればいいが、大した発見が無ければこの1日は完全に徒労となる。こんなことをチンタラやっていては、スピード勝負のビジネス戦争には間違いなく勝てない。

ではどうすればこのような徒労を回避できるか。その鍵はこのケースで言えば「何をすればロコンドの売上を増やせるのか」の仮説、いわゆる**「アクション仮説」を持つことから考えること**である。これが「レベル2」の水準となる。例えば「靴屋さんが少ない郊外のお客様を狙って新聞チラシを配布すれば、高い費用対効果で売上を伸ばせるのではないか」とのアクション仮説を持ったとする。そうすると、ここでは

①（実現可能性）郊外のお客様は都会よりも通販サイトの利用割合は高いのか？
②（費用対効果）郊外における新聞チラシの費用対効果は高いのか？
③（顧客魅力度）郊外のお客様は都会と比べて、客単価やリピート率の面で魅力的か？

の三つが検証されれば十分である。この分析に絞れば30分もあれば分析できる。そしてこの三つの質問の答えが全てYESなら、先程のアクション仮説は「GO」判断となるので、実行までのスピードが圧倒的に短縮されるのである。

分析を依頼する側も依頼される側も、何のクエスチョンに答えるのかを明確にする（レベル1）、そしてアクション仮説も明確にする（レベル2）、これはマッキンゼーの基本原則である。この基本原則すらわからない経営コンサルタントは、上司だけでなく、部下からもバカにされる。何となく気になって情報を集める、これは完全に「思考停止」状態なのである。

ではレベル2の上には何があるのか。更に高い最高の生産性を求めるにはどうすれば良いのか。**その答えは「イシュー」にある。これこそが「レベル3」である。**イシューとは何か。これはコンサルティングをする上で最も重要な起点だが、その感覚を身に付けるのは容易ではない。僕がやっとその肌感覚を身に付けたのは3年目の後半のことだった。しかし、3年目で気付いたイシューの条件は実にシンプルだった。それは**「アクション仮説をするかしないかが、経営にとって重要かどうか」**である。

先程の例で言えば「郊外で新聞チラシを撒くべきか」はクエスチョンではあるが、イシューではない。なぜなら、少なくとも社長にとって、その判断は重要ではないからである。とりあえずやってもらっても構わないし、やらなくても会社が傾くこともない。つまり、成功した時の「効果」も失敗した時の「損失」もそれ程、大きくないわけで、それは経営にとっては重要な問題ではないのである。

一方で、例えば「どのような商品ラインナップにすべきか?」は口コンドの経営にとっては重要な質問であるため、イシューとなる(図7)。アクション仮説としては、特定のターゲット顧客層(例:ギャル系)に絞るという案もあるだろうし、ターゲット顧客層は絞らない代わりに商材(例:靴)を絞るという案もあるだろうし、とにかくターゲット顧

図7●イシュー・アナリシスの深さの度合い

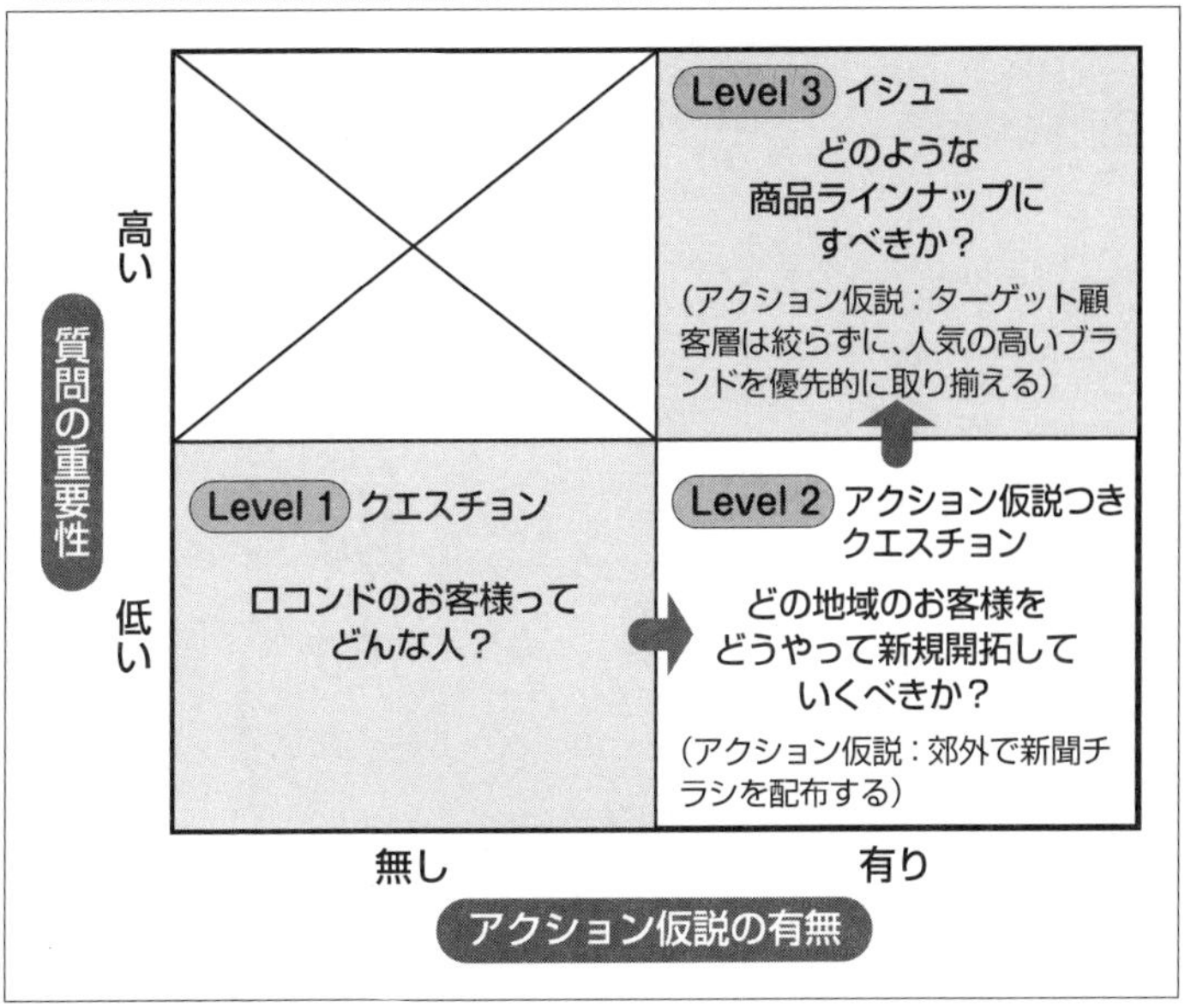

客層も商材も絞らないで売れるものをどんどん売るという案もあるだろう。どれも「アクション仮説」としては成立する。

　しかしこのアクション仮説のどれを採択するかは、経営にとって重要な判断である。この判断によって、バイヤー陣の時間の使い方も変わってくるし、会社の資金用途も変われば、サイトのデザインも変わってくる。要はこの判断は「とにかくやってみて駄目なら変えればいい」では済まないことに加えて、経営にとって重要な指標、いわゆる売上や利益に与える影響が大きいのである。このような重要な質問は、単なる「クエスチョン」を超えて「イシュー」なのである。

初めてイシューを理解した瞬間

それは3年目の10月のことだった。そのプロジェクトのクライアントは食品商社。幾つかの事業を有していたが、そのうち、生鮮品を買い付けて小売店や食品メーカーに販売する「生鮮卸事業」が売上不振だった。会社として本事業を縮小していく方向は決まっている。しかし、どのような事業縮小計画を採るべきかがわからない、そんな状況を打破するため、マッキンゼーに声が掛かった。プロジェクトのマネージャーは『イシューからはじめよ』の著者である安宅和人さん。僕は3年目だったが、職位で言えば僕が一番下っ端だった。

まずは何が問題なのかを正しく把握するため、「なぜ、クライアントは売上不振に陥ったのか」を正しく理解しなければならない。1週目はクライアントの社内データや市場データなどを使った定量的な分析、2週目と3週目はクライアントの社員インタビューを実施していった。これらを積み重ねた結果、彼らの市場は比較的安定していること、競合の中には高い売上成長率と利益率を誇っている企業が存在していること、従って、売上不振は「クライアント要因」であることが確認された。また、取扱い商材別にクライアントの業績を見ていくと、幾つかの商材は安定した利益率を維持していたが、多くの商材は年によって利益率がバラバラ。その要因はひとえに「目利きの失敗」。今年はこの生鮮商材が売れる、そう見込んでガサッと買って、読みが当たれば大黒字、外れれば大赤字。正に山師ビジネスだったのである。

そこまでの理解が得られた時、安宅さんはクライアントの主要メンバーとマッキンゼーチームとの合同会議を開催した。まずは改めてクライアントの売上不振要因を整理した後、そこにいる全員に問い掛けた。

「それでは我々（マッキンゼーではプロジェクト中はそのクライアント企業の1人として責任を持つため「御社」ではなく「我々」と言う）が解くべきイシューは一体、何でしょうか？　プロジェクトの残り2カ月間で検証すべき重要な課題が何か、皆さんで話し合いましょうか？」

未だに誤解している人も多いのだが、コンサルティングのプロジェクトとは「お金を払ってコンサルタントに戦略を考えてもらう」ものではない。コンサルタントとクライアントが議論しながら一緒に考えていくのである。クライアントが一緒に考えていない「コンサルタント発の戦略」は100％「絵に描いた餅」で終わる。経営コンサルタントはあくまで方向性しか示せない。具体的な内容はクライアントの知識と経験に頼らざるを得ない。また、クライアントが一緒に考えない限り、その戦略には「魂がこもらない」。魂をこめるためにクライアントと一緒になって必死に考える、その重要性を教えてくれたのも安宅さんだった。

話を戻すと、この議論の中では色々なクエスチョンが出てきたものの、多くは「商材別の関税はどの程度、違うのか」みたいなレベル1のクエスチョンだった。こんなクエスチョンに答えていては3カ月間などあっという間に終わってしまう。それは僕にも瞬時にわかったが、代替案が浮かばなかった。マッキンゼーではダメ出しだけして自分の意見を言わない「批判家」や何も物申さない「傍観者」であることは許されない。自分も案を言わないといけない、こんなプレッシャーの中、僕はウンウンとずっと唸っていた。

何を解かないといけないのか。**「答え」を考えるのではなく「問題」を考える。これが全ての問題解決の出発点である。**今回の場合、事業を縮小することは既に決まっている。しかし事業をやめるわけではない。あくまで目指すのは、事業を継続しながら今よりも高収益を出すことである。どうすれば収益性を上げられるのか。単純に考えれば、儲かっていない事業や商材を止めれば良い。しかしながら既述のように、多くの商材の利益率は年によってバラバラ。読みが当たれば儲かるし、外れれば大赤字。単純に「選択と集中」をし、絞った商材の読みが外れたら、事業全体が大赤字にだってなり得る。

ここで脳裏をよぎったのは、あの大手商社の資源プロジェクト中にとある本で読んだ一つのグラフだった。それは確か資源関連の経済アナリストの本の中に紹介されていた「チェックマーク」グラフ。縦軸を利益率、横軸を各社の市場シェアとすると、その軌跡は「チェックマーク」となるのである（次ページ図8）。

製造業など固定費の高い事業の場合、市場シェアが上がれば上がる程、利益率が上がる傾向がある。市場シェアと売上が上がるにつれて、製品1個あたりのコストが下がっていくからだ。しかし資源ビジネスの場合、こうはならない。市場シェアの中間に「デスバレー」が存在するのである。デスバレーのシェアを獲得するまでは、利益率はどんどん

図8●チェックマーク・グラフ（イメージ）

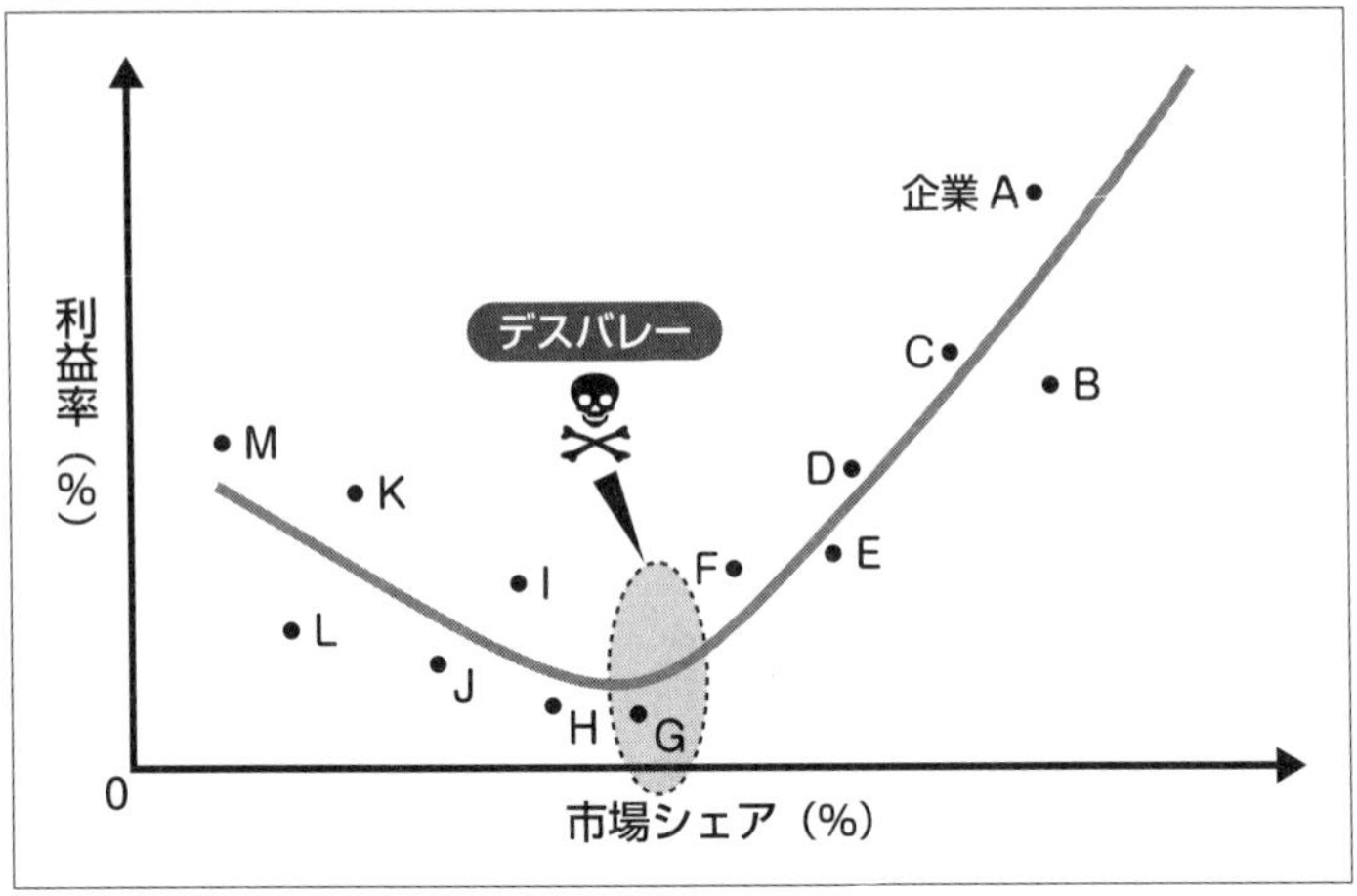

「下がっていく」。しかしデスバレーを越えると、利益率は徐々に改善していく。

なぜこうなるのか。高い市場シェアを持つプレイヤーの利益率が高いのは容易に想像できるだろう。彼らはその存在感ゆえ、サプライヤーからも顧客からも自然と「市場のリーダー」とみなされる。そうなれば黙っていても客から連絡が来て、価格交渉力も高まってくる。しかしそこそこの市場シェア、いわゆるデスバレーの市場シェアだとこうはいかない。まず、そこそこの在庫を抱えているにもかかわらず、客からの引き合いはそこまで強くない。従って、在庫を捌くためには積極的な営業をしなければならない。また時にはその在庫を処分するため、割引もしなければならない。更に資源はどこまで行っても資源。どのサプライヤーから購入してもその品質に大きな差はなく、リーダー企業が決めた価格が基準価格となってしまう。そこそこのシェアのプレイヤーはそんな価格を受け入れなければならないし、かつ1位プレイヤーより少し安価でないと売れない。だから利益率が低いのである。

では、デスバレー「手前」のプレイヤーはなぜ、デスバレーのプレイヤーよりも儲かるのか。それは低い市場シェアの場合、得意先から「こんな資源、調達できないか？」と注文されたものをパッと調達し、販売することができるからである。そのため、特に大きな営業コストを掛けることなく、そこそこの利益率を確保できる。そんな状況があるため、チェックマーク型のグラフができ上がるのである。

生鮮食品事業の場合はすぐに腐る特性があるため、在庫リスクは資源よりも大きい。そのため市場シェアと利益率は間違いなくこのようなチェックマーク型のグラフの軌跡をたどる自信があった。もしこれが正しいとするとこの企業はどのような商材ポートフォリオを持つべきか。高い市場シェアを獲得している商材の場合はそのまま維持で良い。また今は中途半端でも、2、3年でデスバレーを越えられそうな商材ももちろん残すべきである。しかし中途半端な市場シェアの商材でこれ以上の伸びを期待できないものは、「デスバレー前」のシェアまで縮小すべきである。そして最終的には、市場シェアの小さい商材の「多品種少量」と、市場シェアの大きい商材の「少品種大量」のミックスが、最適な商材ポートフォリオと考えられる。

また、このように商材ポートフォリオをリストラクチャリングする場合、組織構造も見直さなければならない。簡単に言えば、供給元の開拓を優先し、高い市場シェアを維持・増加させることをミッションとする「供給元開拓部隊」と、供給元の開拓よりもむしろ顧客開拓を優先し、顧客の欲しい商材リストに従って少量多品種で集めてくる「顧客開拓部隊」に分けるべきなのである。

ここまでを頭の中で整理した後、僕は口を開いた。

「事業を縮小することは前提だと思いますが、商材をどのように絞っていくかに関して方向性は三つあると思います。一つ目は取り扱う商材を絞って商材あたりの供給量を増やす、二つ目は商材の種類は維持して商材あたりの量を減らす、そして三つ目はその混合、です。」

最初は誰もピンと来ていないようだった。それも無理はない。その時はマッキンゼーのメンバーも含めて全員が、事業を縮小するイコール商材を絞ることだと考えていた。どの商材に絞るのか、そしてそれらの商材においてどのように収益性を上げるのか、これがイシューの一つだと考えられていた。それでも僕は発言を続けた。

「私の前の資源プロジェクトの経験に基づくと、資源系の企業の場合、中途半端な市場シェアの商材は在庫負担が重く、低い市場シェアの商材よりも利益率が悪化する傾向があると思います。そのため、最も収益性を上げる姿は三つ目の方向性、つまり高市場シェア商材と少量多品種商材のハイブリッド（混合）でした。仮説的には我々もその三つ目の方向性だと思いますが、**『商材ポートフォリオとしてどのような構造にすべきか』、これはイシューではないでしょうか？**」

商材を絞るのは、経営にとって重要な判断であることは間違いない。商社のビジネスはサプライヤーと顧客、2方向のネットワークがあって初めて成立する。このネットワークを築いていくのは簡単ではない。長い時間を掛けて信頼関係なども築きながら構築していく。このような大事な「ネットワーク」という資産を捨てる、これが「商材を絞る」ことなのである。これは間違いなくイシュー、そんな確信があった。そしてこれを聞いた安宅さんはすぐさまこの課題をホワイトボードに書いた。

「なるほど、それは確かに明確にすべきイシューですね。では田中さん、このイシューを来週までに解いて下さい。」

ついに自分1人で「イシュー」を特定することができた……。僕は心の中でガッツポーズをした。この瞬間こそが今でも鮮明に覚えている、僕にとっての初めてのイシュー体験だったのである。

ちなみに、安宅さんは僕にとってイシューの師匠であるだけでなく、「タイム・マネジメント（時間管理）」の師匠でもある。それまでの僕はクライアントにとって意味がありそうで、かつ僕にとっても面白そうな分析にひたすら時間を掛ける傾向があった。そんな場当たり的な仕事の進め方を抜本的に正してくれたのも安宅さんだった。まずは解くべきイシューを設定し、アクション仮説も明確にする。そしてそれを一つ一つ解いていくためのサブイシューまで分解する。そしてサブイシューを検証するため、どんな分析を実施していくのか設計する。最後に、各分析をそれぞれいつまでに完了するのか、1日単位で細かく決めていく。このような一連の流れによって、着実に「インパクト」を積み重ねていく。こんな厳密なタイム・マネジメントを学ぶことができたのも大きな収穫だった。

イシューを解く

ではこのイシューに関して、僕はどのように解いていったのか。これに関してもクライアント情報の守秘義務に触れない範囲で話をしていきたい。

イシューを解く前に考えるのは、イシューを分解することである。このステップが見落とされがちである。イシューを分解することなく、イシューに関連しそうな情報をとりあえず集め、集まった情報ベースに何となく正しそうな答えを導く。こんな「粗い」アプローチは世間に蔓延している。このアプローチの欠点は、本当に必要な情報ではなく、「手軽に集められる情報」ベースに判断をしていることである。そのため、答えの精度が低くなる。それを避けるためにもまずはイシュー分解し、本当に必要な情報が何なのかを調査開始前に明確にしなければならないのである。

このイシューの分解にあたって有用なコンセプトが、あのMECE（Mutually Exclusive, Collectively Exhaustive）である。漏れなく重複なくイシューを分解することによって、イシューの検証を高い精度で行っていく。なお、世の中には「フレームワーク」、例えば３Ｃ（Company・Competitor・Consumer）やマーケティングの４Ｐ（Product・Price・Place・Promotion）が多くの人に知られているが、これもＭＥＣＥの一つ。フレームワークはあくまで情報を収集する時やイシューを分解する時のツールであって、埋めれば戦略ができ上がるものではない。

今回のアクション仮説は「高市場シェア商材と少量多品種商材のハイブリッドにする」こと。このアクション仮説を検証するためには、どのようなサブイシューに分解すれば良いか。今回、僕が採用したのは**「すべきか（Should）・したいか（Want）・できるか（Can）」のフレームワーク**。「すべきか」に関しては、そのポートフォリオ全体で利益率および利益の安定性を高められるかどうかが鍵となる。それができるなら「すべき」だし、そうでなければ「すべきではない」、非常にシンプルな判断となる。

次に「したいか」。この質問は「べき論」ではカバーできないポイント、例えば会社のカルチャーやビジョンに合致しているかなどがポイントになる。しかし、今回はこのイシューの検証は後回しにすることにした。なぜなら経営者を含めて、事業を縮小し、利益率を上げることで方向性は一致しているため、「すべき」イコール「したい」だからである。

最後の質問、「できるか」。これに関しては更に二つのサブイシューに分解をしていった。一つ目は「高い市場シェアを持っている商材もしくはその見込みのある商材は、今のポートフォリオの中にあるのか」ということ。これが無ければ、全ての商材をデスバレーの手前に縮小しなければならないため、「ハイブリッドはできない」という判断になる。二つ目は「顧客要望に対応し、薄く広く商材を集める」ということができるのか、ということ。これができなければ、デスバレー手前のシェアを維持しながら、利益率を確保するのは難しい。この二つに関してＹＥＳの答えが出て、かつ「すべきか」の質問に対してもＹＥＳが出て初めて、アクション仮説は検証されたことになるのである（次ページ図９）。

とは言っても時間も限られている。まずは「すべきか」の質問に対して答えを出すことを優先した。この質問に答えるために望ましい分析は、他社も含めて特定の市場（例えばタコ市場やメロン市場など）別に各社の市場シェアと利益率をプロットするもの。これがチェックマークになっていれば、このサブイシューはクリアとなる。しかし例えば、各社

図9●イシュー・アナリシスの「7ステップ」

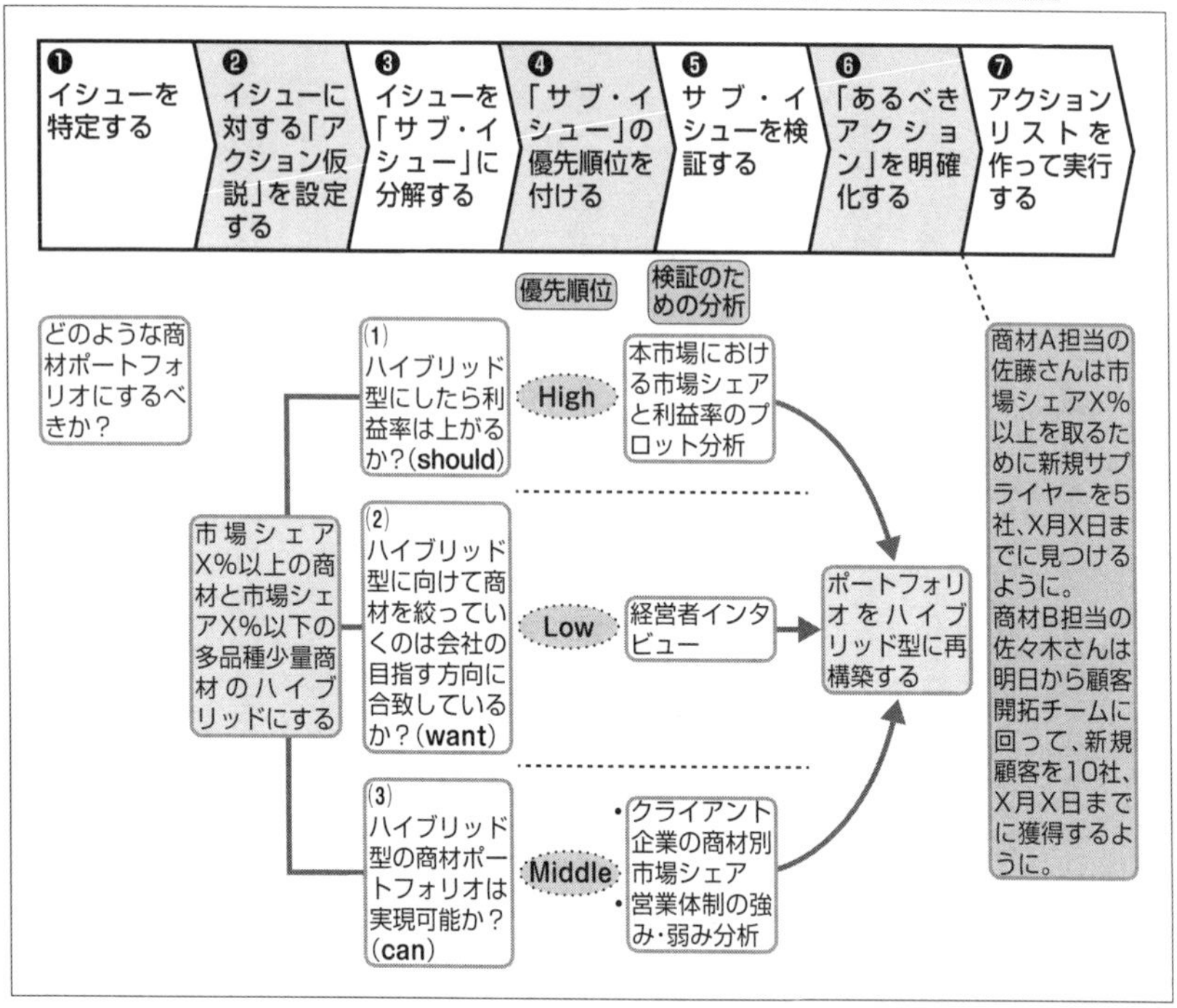

❶ イシューを特定する
❷ イシューに対する「アクション仮説」を設定する
❸ イシューを「サブ・イシュー」に分解する
❹ 「サブ・イシュー」の優先順位を付ける
❺ サブ・イシューを検証する
❻ 「あるべきアクション」を明確化する
❼ アクションリストを作って実行する
優先順位
検証のための分析
どのような商材ポートフォリオにするべきか？
市場シェアX%以上の商材と市場シェアX%以下の多品種少量商材のハイブリッドにする
(1) ハイブリッド型にしたら利益率は上がるか？(should)
High
本市場における市場シェアと利益率のプロット分析
(2) ハイブリッド型に向けて商材を絞っていくのは会社の目指す方向に合致しているか？(want)
Low
経営者インタビュー
(3) ハイブリッド型の商材ポートフォリオは実現可能か？(can)
Middle
・クライアント企業の商材別市場シェア
・営業体制の強み・弱み分析
ポートフォリオをハイブリッド型に再構築する
商材A担当の佐藤さんは市場シェアX%以上を取るために新規サプライヤーを5社、X月X日までに見つけるように。
商材B担当の佐々木さんは明日から顧客開拓チームに回って、新規顧客を10社、X月X日までに獲得するように。

の「タコ市場における利益率」など公表されているはずもない。また会社によってこの利益率の定義が異なっていることも多い。このような時にどうすべきか、これもコンサルタントの頭の使いどころである。

今回は次善策として、クライアント企業の商材別の市場シェアと利益率を一つのグラフ内に図示することにした。

タコ市場とメロン市場のシェアと利益率を同じグラフの中にプロットする違和感は否めない。しかしこれが今できる最善の検証なので、とりあえず前に進めることにした。しかしこれも決して楽ではない。特に古い企業の場合、データが綺麗に揃っていることは少ない。紙媒体を含めて色々な情報をかき集めることから着手し始めた。

クライアント企業のプロジェクトメンバーの協力も仰ぎながら、何とかそのマッピングをするためのデータが揃った。そしてその数値をグラフに落としてみると、パソコン画面に現れたグラフは、仮説通りの完全なチェックマーク型だった。そこには明確なデスバレーが存在し、デスバレーを越えている商材のほとんどは安定的に利益を確保していることも確認できたのである。

この分析結果はクライアントからも大絶賛だった。「今まではそんなことは意識していなかったが、言われてみたらそうかも!」「デスバレーを越えるべき商材と越えてはならない商材を分けないと!」、こんな声がほとんどだった。そしてあるプロジェクトメンバーは、この分析結果を社長に対しても説明し、その意味合いを熱く語ってくれたのである。コンサルタントはあくまで黒子の存在。提案が受け入れられるかどうかはクライアントにかかっている。そんな中、そこまで「魂をこめて」説明をしていただいたのは、経営コンサルタントにとって感無量の瞬間だった。

そしてこれらの成果が認められて、3年目が終わろうとしていた2005年12月、僕は無事、ビジネス・アナリストから1個上のアソシエイトに昇進することができたのである。

＊＊＊＊＊

「答え」を考えるのではなく「質問」を考える、つまり「イシューからはじめる」ことは企業だけでなく政府にもあてはまる。例えば今でも「環太平洋経済連携協定（TPP）への交渉参加をすべきか否か」は多く議論されている。これはクエスチョンであることは間違いないが、本当にイシューなのだろうか。例えばマッキンゼーの大先輩、大前研一氏は「TPPは『国論を二分する』ほどの問題ではない」という題名の記事を書かれていた。TPPに参加しようがしまいが、日米それぞれの経済や雇用へのインパクトは少ない。従って「TPPはイシューではない」と一蹴したのである。僕はまだ本問題に関して自身の意見を述べる程の知識を持ち合わせていないが、そもそもイシューかどうかを議論するのが先決であることは間違いない。イシューでないのならばさっさと白黒付けるか保留にして、早く他のイシューに時間を割くべきなのである。

一般的な事業会社の場合、社員全員がイシューを検証することはあり得ない。事業を運営する以上、イシュー以外のクエスチョンも検証していかなければならない。しかし「レベル0」はおろか、「レベル1」の気になったクエスチョンを絨毯爆撃方式で検証していっては、社員が何時間働いてもキリがない。社員全員が「レベル2」もしくは「レベル3」の分析をすること、これが会社の生産性を高める上で最も重要な意識である。

また「レベル2」と「レベル3」の必要条件であるアクション仮説は「現在やっていることを変えるべき」というメッセージでなければならない。そこに「変化」がない限り、その分析に充てる時間は無駄だからである。例えば、ロコンドがお手本にしているアメリカのザッポス社もそうだったが、立ち上げ期に最も大変なのは多くのお客様から支持される人気ブランドを集めることである。人気ブランドから販売許可を得ることは容易ではない。一社一社と話をしながら、地道に信頼を勝ち得ていかなければならない。そんな中、ブランドの開拓担当部門、いわゆるバイヤー部門の会議中、とある社員が「ロコンドが取り扱うべき商品の最適なポートフォリオは何か」の議論を始めたが、僕はこの議論を速攻で止めた。この質問自体はイシューであることは間違いない。通販サイトにおける「どのような商品ラインナップにすべきか」の質問は、どのようなお客様をターゲットにしていくかと同義である。ターゲット顧客に基づいて宣伝なども変わってくるため、会社を左右する「イシュー」である。しかし議論の結果がどうなろうとも、結局、僕達がやることは全ての人気ブランド一社一社と継続的に話をしていくしか無いのである。また、たとえ新規開拓したブランドがターゲット顧客の求めるものとは違っていたとしても、僕達は「日本最大級の靴とバッグの品揃え」を標榜している以上、それをサイト上に並べないことはあり得ない。要は、この質問の裏側には「変化」をもたらすアクション仮説が存在しないのだ。やるべきアクションが変わらないなら、余計な議論や分析に時間を掛けずにまずは実行する。インパクトを出すためにはこのような「実行主義」が重要である。この議論の準備に時間を掛けていた社員には悪いことをしたのかもしれない。しかし「意味のある」レベル2もしくは3の検証に絞って、あとはなるべく「実行」に時間を充てる。これこそが正しい姿であると信じ、僕は今も走り続けている。

第4章
インパクト志向

目標は売上ではなくてインパクト

一般的な事業会社の場合、「来年は売上目標○○億円！」というような売上・利益目標が全社員に共有されることが多い。しかし、マッキンゼーにおいてはそのような数値が全社員に共有されることはない。それも当然で、そもそも現在の売上や利益が幾らなのかはパートナー陣以外には知らされていないのである。では、各コンサルタント達とはどのような目標・ビジョンが共有されているのか。それは、世界中のマッキンゼーで共有されている、ミッション・ステートメント[1]に表現されている。

"Our mission is to help our clients make distinctive, lasting, and substantial improvements in their performance and to build a great firm that attracts, develops, excites, and retains exceptional people.（我々のミッションは、クライアント企業が圧倒的、継続的かつ本質的な改善を成し遂げるお手伝い

注1　全社員が共有すべき価値観や、会社が果たすべき社会的使命などを記述したもの。

をすること、そして最高の人間が魅了され、成長し、夢中になって居続けるような会社を作ることである)〟

コンサルタント達が追求すべきは「クライアントにバリュー、そしてインパクトを与えること」と「最高の人間が集まる会社となる、そしてそのためには自らも最高の人間となる」ことであって、そこには売上や利益といった数値目標は存在しない。そしてこの概念は単なる綺麗事ではない。実際に各コンサルタントに染み付いているのがマッキンゼーの凄まじさである。

例えば僕がアソシエイトに昇進してすぐの時、全社集会が開催された。その集会の中では今後のマッキンゼーの方針として「コンサルタントの人数を○○人まで増やす」ことが挙げられた。企業の規模を拡大する、これは一般的な会社であれば通常の目標である。しかしこの目標が当時の支社長から説明された時、何人ものコンサルタントから反対意見が出たのである。

「我々が追求すべきものはクライアントへのバリューであって、規模を大きくすることではない！」

「人数をいたずらに増やせばコンサルタントの質が落ちる。これはミッション・ステートメントに反するのではないか！」

「このような規模の拡大は、マービン・バウワー[2]の教えに反しているのではないか！」

こんな反対意見が出ること、これこそが、ミッション・ステートメントがコンサルタント達に染み付いている証拠と言える。なお、僕も最初にこの話を聞いた時は同じ反応だった。なぜコンサルタントの人数を増やさなければならないのか、僕も理由がわからなかった。

しかし後日、何人かのパートナーに話を聞き、やっと腹落ちさせることができた。彼らから聞いた話を総合すると、クライアント企業が「圧倒的、継続的かつ本質的な改善を成し遂げる」のを支援する以上、マッキンゼーは戦略立案フェーズだけでなく「実行フェーズ」まで含めて支援していく必要がある。どれだけ戦略が素晴らしくとも、それが実行されなければ、インパクトに結び付かないからである。そして実行を支援するためには、経営企画室とだけ議論していても意味がない。クライアント企業のあらゆる実行部門と話をし、必要な支援をしていく

注2　1950年から1967年にかけてマネージング・ディレクター（グローバルのマッキンゼーのトップ）を務めた、マッキンゼーおよびプロフェッショナルな経営コンサルティング・ファームの創始者。1933年にマッキンゼーに参画し、1992年に退職、2003年に99歳で永眠。マッキンゼーにおけるプロフェッショナル精神およびインパクト志向に多大な影響をもたらした人物で、強いリーダーシップだけでなくその高潔さから、マッキンゼー社員だけでなく多くのビジネスリーダーから尊敬されている。

べきで、だからこそマッキンゼー側にも人数が必要なのである。

社員とは売上や利益の目標ではなく、ミッションのみを共有する――これは**「経営陣=株主=会社の所有者」が成立しているマッキンゼー**[3]だから可能であって、一般的な企業ではこうはいかない。株主として社外の人間や企業が参画している以上、彼らが求めるもの、いわゆる企業価値や配当といった金銭的な価値も上げなければならない。また「経営陣=株主」が成立している家族企業であっても、企業が持続するためには売上や利益は欠かせない。そのため、それらをないがしろにするわけにはいかないのが実情である。しかしながら数値目標とこのようなミッションは相反するものではない。数値目標とミッションを両方とも共有することは可能である。この観点からも「会社としてのマッキンゼー」から学ぶべき示唆は多いのではなかろうか。

注3　マッキンゼーは株式会社であるが、全ての株式はマッキンゼーの現経営者（パートナー）によって保有されている。また、パートナーはマッキンゼーを辞める時、保有している株式を会社に、時価ではなく安価な簿価で売却しなければならない。これもマービン・バウアー氏の教えによるものである。

インパクトが出るまで帰れない

コンサルタント達は毎日バリュー（価値）を生み出し、インパクトを創り上げていかなければならない。マッキンゼーでは、入社して1年目からすぐに「プロフェッショナル」として扱われる。プロフェッショナルである以上、顧客や会社から支払われているお金「以上」のバリューやインパクトを出さなければならない。それができない人は、簡単に言えば自ら辞めなければならない。このような厳しい「自律」環境こそがプロフェッショナル精神を養っているのである。

どれだけ頑張ってどれだけ残業をしても、それが顧客や会社にとってバリューでなければ無価値である。この精神の表れとして、とあるパートナーは各コンサルタントの作成したチャートを見ながら「はい、あなたの今回のチャートは500円ね」とそれぞれ値段を付けていた。また会議の中で何も話さない人は、マッキンゼーにおいて「無価値」とみなされることは既述の通りである。逆に、会議自体に価値がないと思ったら、マッキンゼーの人間は会議中でも他の仕事を始めたり、部屋から出ていったりする。要は、自分だろうが他人だろうが、「バリューを出していない」時間は許せないのである。僕は今でも「あ、この会議に価値は無いな」と思ったら相手が初対面の方でも出ていくし、会議中に黙っている社員には何でもいいから話すよう促す。普通の人からすると「無礼」極まりないかもしれない。しかしマッキンゼーの人間にとっては、ただ座っているだけで1日を過ごすことの方が「無礼」なのである。

またタクシーに乗る時もご飯を食べる時も、頭の中では常にバリューやインパクトを考える。「ここでタクシーに乗ることで得られるバリューは費用に見合っているか」、こんなことを常に考えている。とある女性パートナーは家の中で必ず紙コップと紙のお皿を使っていたそうで、理由は「食器を片づけて洗っている時間は、自分のパー・ディーエム（Per Diem、顧客が各コンサルタントに対して支払っている1時間あたり費用）に見合わないから」。これは極端な例だが、このように全ての物事を費用対価値で計る癖は、他のコンサルティング・ファームと比較してもマッキンゼーが群を抜いているかもしれない。

このようなプロフェッショナル精神を植え付けられたマッキンゼー出身者からすると、

「労働組合人間」が最も許せない人種である。大したアウトプットも出ていないのに労働者の権利を振りかざす。口を開けば給与だの休暇だのを要求する。時には「自分には家族がいて……」とか「家のローンがたくさんあって……」と仕事に無関係な「情」を要求する。こんな人間はプロフェッショナル精神の欠片もないとみなされるのである。

僕は今の日本にとって大事なのは、この「お金をもらっている以上、その金額以上のバリューを提供する」というプロフェッショナル精神だと思う。これは経営コンサルタントに限らない。例えば一般事務職の場合でも、1日の仕事を終えた時に「もし自分が経営者だったら、この業務に対して幾ら支払うか」を考えてみて欲しい。今の時代、あらゆる職種をアウトソース（外部委託）やオフショア（海外委託）することができる。そしてそれらに委託した場合、自分の業務に幾らの価値があるのかは容易にわかることである。自分が費用対効果に合っているかを自己評価し、合っていないのであれば、サービス残業をしてでもアウトプットの量を増やすか、質を高めていく。こんなプロフェッショナル精神がなければ、クビを切られても文句は言えない。

このように、各個人が「寄らば大樹の陰」の発想を捨てて、プロフェッショナルとして自律することができれば、日本経済の生産性は間違いなく上がるだろう。

NOと言うべき瞬間

著名経営学者ドラッカーは企業の目的を「顧客の創造」と説いている。しかしマッキンゼーにおいてはこれすら当てはまらない。もちろん経営コンサルティングをする以上、顧客の存在は欠かせない。顧客がいなければ収入も入って来ないため、コンサルタント達に給与を支払うこともできない。

マッキンゼーにおいていわゆる「営業」を行うのはパートナー。では多くのプロジェクトを取ってくるパートナーが評価されるかと言えばそうではない。既述の通り、マッキンゼーのミッションは**「クライアントを支援し、インパクトまで繋げる」**ことであって、マッキンゼーの売上を伸ばすことではない。言い換えれば、インパクトを出せなければ、たとえそのプロジェクトで数億円のコンサルティング・フィーをもらったとしても評価されないのである。

インパクトまで繋げるためには、コンサルタントだけが頑張っても仕方がない。クライアントの社長もインパクトに対して強いコミットメントをし、その社員達も積極的に関わらなければならない。「コンサルタントに任せていれば驚くような戦略が提案される」と思っていたら大間違いである。もちろん戦略の提案はするが、それだけでインパクトが生み出されることなどない。その戦略の立案に対してクライアント企業のメンバー達も積極的に関与しなければ「魂のこもった戦略」にはならない。従って、クライアント企業も改革に対してコミットメントする体制でなければ、たとえ高額を積まれても受注することはない。かつて、あるパートナーはプロジェクトを開始する前、必ずそのクライアントの社長に向かって「本当に改革する気がありますか?」と聞いていたらしいが、それも「さもありなん」である。

更に**マッキンゼーにおいては「NO」と言うことが奨励されている**。これはどういうことかと言えば、例えばクライアント企業の社長が会議の中である発言をし、それがマッキンゼーの考えていたことと異なるとする。そこにはクライアント企業の幹部達も揃っているため、ここで何か反論すればその社長の顔に泥を塗ることになる。一般的なコンサルティング会社であれば、その意見を聞いて自分たちの意見をコロッとひっくり返し、その社長の意向に沿った形での提案にまとめ上げるかもしれない。そうすればその社長は満足するだろうし、次のプロジェクトも受注できるかもしれない。

しかしながらマッキンゼーにおいてはそんな姿勢は許されない。そこで「NO」と言わなければならないのである。僕は幾度となく、パートナーがクライアント企業の社長に対して「NO」と言っている場面を見てきた。これもマッキンゼーにおけるプロフェッショナル精神の一つなのである。

例えばある医者が入院中の患者に対して「体調不良の原因は煙草の吸い過ぎなので、禁煙プログラムを実行すべき」との判断を下したとする。しかしその患者は「煙草が原因のわけがない。体調不良の原因はアルコールの飲み過ぎである。禁酒プログラムを作ってくれ」と言い張る。この患者は大金持ち。機嫌を損ねたら、他の病院に行かれてしまうかもしれない。こんな時、どうするか。「そうですね、アルコールの飲み過ぎも原因の一つなので、まずは禁酒からしましょうか」と答えて機嫌を取るか。病院の財政にとってはこれが最善の策である。しかしこれは「プロフェッショナル」ではない。そこでは顧客を失う可能性があるとしても、「いいえ、今回の原因は煙草なので煙草を控えて下さい」との主張を崩すべきではない。マッキンゼーにおいてはこのようなプロフェッショナル精神が徹底されているのである。

＊＊＊＊

世の中的には外資系企業というと一括りにされていて、マッキンゼーも投資銀行も投資ファンドも同じように見られている。特に投資ファンドの印象は強く、「外資系企業は全てハゲタカみたいな会社」と見られがちである。

しかしここまで書いてきたように、少なくともマッキンゼーに関してはそのようなイメージとは180度異なる。言うなれば、極めて「青臭い」会社なのである。クライアントからはよく「マッキンゼーはゼロから戦略を見直す時には重宝する。しかし既に方向性が決まっていて、それを社内で合意形成するために雇う時には使いにくい」という評判を聞いた。その結果、取りたかったプロジェクトを受注できなかったことも多々あるだろう。それでも設立からの精神を守って、自社の売上よりもインパクトを追求する。このマッキンゼーの姿は非常に誇らしかった。

繰り返しになるが、全社員が売上を見ないでインパクトだけを追求するなんてことは難しい。実際にマッキンゼーにおいてもパートナー陣は売上も見ていたわけで、彼らは口にはしないが「売上とインパクトの両立」を考えていたはずである。ただ売上・利益だけを追求するのと、それらと並行してインパクトも両立させることを追求するのとでは、企業の姿勢として大きく異なってくる。売上や利益だけを追求するなんてつまらない。また会社の安定を最優先するなんてもっての他。**閉塞感から抜け出せない今だからこそ、1社でも多くの企業が、1人でも多くの人間が「インパクト志向」になることを心から願っている。**

第5章 大海に出て自分を見つめ直す

3年は一つの節目……次の3年間を考える

イシューとは何かを理解し、ビジネス・アナリストから無事アソシエイトに昇進した当時、僕はずっと浮かれていた。給与も前年のほぼ2倍。家賃も2倍の所に引っ越して、飲み会続きの毎日を送っていた。しかしながら1カ月もするとそんな「浮かれ期間」も一段落。そろそろこれからの3年間、どのようにキャリアを構築していくか、真剣に考え始めるようになった。

マッキンゼーのビジネス・アナリスト・プログラムは毎年、少しずつ変わっているが、僕の時は「アソシエイトに昇進したら基本的には海外MBA留学の権利を得られる」だった。あくまでこれは権利なので行きたくない人は行かなくても構わない。そして留学中、MBAの学費（2年間で最低でも1000万円）と年間100万円の生活費補助が支給される。日系企業の場合、選考プロセスが厳しい代わりにそのテストに合格したら留学期間中も給与をもらえることもあるが、マッキンゼーの場合、給与はもらえない。

なお、現在は色々と制度も変わっている。僕がマッキンゼーを辞める直前の時の制度では、まず新卒で入社すると、その後2年半ぐらいで各コンサルタントが一律に評価される。その時点でアソシエイト水準に達していると認められた場合、そのままアソシエイトに昇進する。しかしそうでない場合、一度マッキンゼーを辞めなければならない。ただこの場合でも、多くの者は「ビジネス・アナリスト・プログラムの参加権」を獲得する。これを獲得した者は、マッキンゼーから留学費用をサポートしてもらえることに加え、留学終了後にマッキンゼーに「アソシエイト」として復帰する権利をもらえる。もちろん、参加権も獲得しないまま辞めざるを得ないこともある。しかしながら参加権を獲得できなかったとしてもすぐに辞めろという話ではないし、マッキンゼーで3年間働いていれば再就職口に困るというようなことは無い。従って、学生からはよく恐れられる制度だが、むやみに心配する必要もない。

さて、僕の事例に話を戻そう。アソシエイトに昇進した当時、僕は留学することは考えていなかった。入社当時はもちろん興味があったが、3年間働くにつれて徐々に興味を失っていった。理由は多岐にわたる。第一に、単純に働くことが楽しかった。高校時代も大学時代も「早く働きたくて仕方がなかった」僕にとって、今更、勉強生活に戻るなんて考えられなかった。また留学すればその間の給与はもらえない。せっかくアソシエイトに昇進して給与も上がったのに、また貧乏生活に戻らなければならない。更に、せっかくここまで良い調子で来たので「20代のパートナーでも目指してみるか！」という想いもあった。試験対策するぐらいなら少しでも仕事に時間を充てたい。こんな色々な理由から、僕はＭＢＡ留学に対してどんどん否定的になっていった。

それでも海外で暮らすことには興味はあった。これからのキャリアパスを長い目で考えると国際経験は必須条件である。そのため、僕としては海外オフィスに異動することを望んでいた。これなら働きながら国際経験を積める。マッキンゼーの海外オフィスで働くというのも何だか格好良い。小売だったらロンドンオフィスなんてのも良いし、当時はドイツに「アジア・ハウス」なるものが設立され、日本オフィスから何人もの人がドイツに移籍していたため、それもアリかななどと考えていた。

しかしこの計画は、師匠でもあるディレクターの山梨さんによって打ち崩された。マッキンゼーの場合、海外オフィスへの異動となると、各オフィスのプラクティスのリーダー同士の合意が必要になる。僕の場合、小売・消費財プラクティスでの異動を希望していたため、２００６年4月、僕は小売・消費財プラクティスの首領である山梨さんの部屋を訪れた。

部屋に入ると山梨さんは僕に背中を向けた体勢でパソコンに向かって何やら作業中。そのままの姿勢で「今日は何？」と聞かれたので、

「僕の今後のことについて相談させていただきたいと思いまして……」

とその日の本題を切り出した。山梨さんは「ふぅん」と曖昧な返事をし、しばらくは背中を向けたまま作業を続けていた。長引く沈黙。僕は背筋をピンとしたまま、山梨さんが振り返るのをひたすら待っていた。

そして1分後、山梨さんは振り返りながら口を開いた。

「今後ね。それで、どうするのさ？」

「小売・消費財プラクティスでの経験を積むため、ＭＢＡではなく海外オフィスに移籍したいと考えています。それで山梨さんのお力添えをもらえれば、と思いまして……」

山梨さんは返事をすることなく、腕組みをしながら窓の方に体を向けた。これは山梨さんのいつもの「熟考」サイン。僕はまた緊張の沈黙時間に耐えながら、次の言葉を待って

いた。

「田中さんの場合はさ、海外オフィスに移籍するよりもMBAの方が絶対良いよ。サポートするからさ、MBA目指しなよ。」

僕は予期せぬ返答に驚いた。

「え、MBAですか⁉ でも、小売・消費財プラクティスで腕磨くなら海外オフィスで働く方が良いような気がするんですが……」

「マッキンゼーはさ、コンサルタントの成長をそんな短い期間で考えてないいんだよ。ユウスケの場合、中長期で考えれば絶対にMBAだよ。」

「え、そうなんですか？ MBAに行ったら成長が止まる気がしているのですが……」

「そんなことないよ。絶対、MBA。一つ目の理由は様々な価値観に触れられるから。マッキンゼーに新卒で入った人の場合、**マッキンゼーの常識は世界の常識**、と考えがちなんだよね。田中さんもその傾向がある。良くも悪くもマッキンゼーに染まっているので、マネージャーまでは良いかもしれないけど、それ以降どうしても苦しくなるよ。特に、クライアントの幹部層との対話面でね。海外オフィスで働いたとしても結局はマッキンゼーの世界の中だから、そこでは価値観は変わらないいんだよ。」

山梨さんは間髪いれずに続ける。

「二つ目の理由は、やっぱりマッキンゼーに新卒で入ってからひたすら働き続けるって、どこかでバーンアウト（燃え尽き）しちゃうんだよね。もちろん、中には菅原さんみたいな例外もあるけどね。それは例外中の例外で、普通はどこかで燃え尽きる。」

ちなみに菅原さんは新卒でマッキンゼーのディレクターまで駆け上がったスーパー経営コンサルタント。僕がイシューに出会った食品商社のプロジェクトの責任者でもあった。バンドマン出身のファンキーな人で、僕が大好きなマッキンゼー人の1人でもある。

「そして三つ目の理由は年齢的な問題なんだけど、やっぱり日本は年功序列的な所があるんだよね。20代でトントン行くと、ある局面で辛くなってくる。田中さんは今、幾つだっけ。25歳？　だったらこの長い人生、2年間無駄になっても全く問題ないだろ。ちょっと年取ってくるくらいのつもりで行ってこいよ。」

「わかりました。ちょっと考えてみます。」

僕は言葉を濁して答えた。小売・消費財グループでの異動が難しいなら、前述のアジア・ハウスでの異動も可能である。しかし今一度、考えてみた。僕はMBAに行くべきか、海外オフィスに行くべきか。海外オフィスの方が色々な面で未だに魅力的に見えたし、

「また勉強生活に戻るのか……」という萎える気持ちも拭えなかった。

また、山梨さんの挙げていた理由のうち二つ目に関しては「俺はバーンアウトなんてしない」という自信もあった。また三つ目に関しても「めちゃめちゃ成長して、年齢問題なんてクリアしてやるぜ」という意気込みもあった。引っかかったのは一つ目の「価値観」。確かにMBAから帰ってきた先輩のうち何人かは良い意味で吹っ切れていた。「評価なんて関係ない。辞めろと言われればいつだって辞める。俺は自分のやりたいことをやる！」、そんな気概が感じられた。彼らはマッキンゼーで昇進することが目的ではない。自分の夢を追求するのが目的で、そのためにマッキンゼーを「利用」していた。そんな彼らは僕にとって眩しい存在だった。僕はまだ評価のことを気にしていたし、「いつでもマッキンゼーを辞めてやるぜ！」という自信も無かった。「そんな人間になれるなら2年間は無駄にしても良いかも……」、そんな想いが芽生え始めた。

そしてその日から数日後、僕はMBAの試験対策を始めた。まだ引っかかるところはあったものの、最後は山梨さんを信じることにした。「山梨さんはこの2年間、俺の強み・弱みを色々見てきている。その上で親身になって言ってくれたアドバイスなのだから、とりあえず信じてみようか……」、そんな考えだった。自分で言うのも何だが、この辺は結構、素直な人間だと思う。

限られた時間の中でMBA合格を勝ち取れるか

さぁ、大変なのはここからである。MBAに留学するのならば翌年の1月上旬、つまりあと9カ月後には出願を終えなければならない。もちろん、その次の年に持ち越すのも可能だが、性格上、1年9カ月後の出願のために地道に頑張れる気が全くしなかった。やるからには短期決戦で駆け抜けよう、そんな決意をした。しかしMBAを目指すとしても、仕事上での目標も実現させたかった。それはMBA留学前にマネージャーに昇進すること。アソシエイトからマネージャーに昇進する期間は、通常ならば2年半から3年。しかしこれまでも昇進が極端に早かった人、いわゆる「**ファスト・トラッカー**」[1]達は1年半で昇進する例もあった。やるからにはMBAもマネージャーも実現させようと心に強く刻んだのである。

注1　fast tracker：速いスピードで昇進した人のことを指す。

ＭＢＡの場合、日本の大学受験と違って、年に３回以上の提出期限がある。そのため、その期限のいずれかに間に合うように提出すればプロセス上は問題ない。しかし、実際にはそうでもない。どの学校も学生の国籍に偏りが出ないよう「留学生枠」や「日本人枠」を持っていて、良い学生がいればどんどん合格通知を出していく。そのため枠が埋まる前に合格を勝ち取らなければならないのである。最も望ましいのは第一回の期限に提出すること。しかしながら、第一回（10月）の期限に出そうと思うと残る期間はあと半年。さすがにこれは不可能と思い、僕は１月上旬の第二回に照準を当てた。

まずはＭＢＡ留学をするにあたって何が必要なのか改めて確認し直した。ＭＢＡの出願にあたって提出しなければならない主なものは、以下の通りである。

① ＴＯＥＦＬ（トップ10スクールと呼ばれる学校ならば、ＣＢＴで２６７点以上が望ましい。最低でも２６０点台）
② ＧＭＡＴ（同じく、７００点以上が望ましい。最低でも６００点台後半）
③ 各学校別の課題作文（志望理由など）

④　上司などからの推薦文（各校につき2、3人）
⑤　英語の履歴書
⑥　大学の成績表（できればGPA換算値で3以上）

大きな障壁は①、②のいわゆるテスト。そして何気に時間を取られるのが③の課題作文の提出である。テストに関してはTOEFL・GMAT共に、日本では最も一般的なTOEICと比べても遥かに難しい。特にGMATは、アメリカ人を含めて英語ネイティブの人も一緒に受ける試験なので僕にとっては頭痛の種だった。

時は既に4月。「独学している余裕なんて無い……」、そう思うや否やプリンストン・レビューというMBA試験対策で有名な塾に申し込みをした。まずは今からTOEFL、そして7月からはGMATの準備。GMATのスコアが第二回の期限に間に合うかどうかは不安だったが、さすがに仕事もあるのでTOEFLとGMATを並行するのは難しい。ここは「ラストスパート」に賭けることにした。9月までにはそれぞれ「最低必要スコア」を打ち出し、あとは書類提出期限の1月上旬まで、③〜⑥の書類準備をしながら「望ましいスコア」まで上げていけばいいかな。そんな青写真を描いていた。

しかし現実は甘くなかった。ＴＯＥＦＬ・ＧＭＡＴの授業は休まずに出席できたものの、スコアが全く出ない。７月に初めて受けたＴＯＥＦＬの結果は３００点満点中２４０点台。最低でも２５０点台は出ると思っていたので、さすがに焦ってきた。

「夏にはお盆休みもあるから。何とか挽回しないと……」、そんな風に考えていたが、ここでも計画が狂った。いつも僕のことを指導してくれていた直属の上司である金田さんが１カ月間の長期休暇を取ることになったのである。普段は山梨さんからどれだけ怒鳴られても、金田さんがその防波堤になってくれていた。しかし防波堤が無くなって、その負担はダイレクトに僕にのし掛かった。しかも当時、僕はクライアントの前では「マネージャー」として振る舞わなければならない立場。仕事も最高潮に忙しくなった。山梨さんには怒鳴られるわ、クライアントから怒鳴られるわ、チームメンバーから不満は噴出するわで、毎日が「前門の虎、後門の狼」状態。

そんな中、９月には初めてＧＭＡＴも受験したものの、予想通り、これまた散々な結果だった。８００点満点中５８０点台。目標まで１００点以上もビハインドしていた。

こんな切羽詰まった生活を繰り返していたある日、僕は山梨さんと車で移動していた。

車の中で簡単な仕事の話をし、それが一段落した時、山梨さんが僕に話し掛けた。

「ところでMBAの試験準備はどうなの？　順調？」

「試験に苦しんでいます。特にGMATがこの前受けたら散々で……」

僕は正直に現状を打ち明けた。

「GMATってそんなに大変か？　俺は初めてGMATを受験した時の点数が確か730点で、その年の日本人受験者の中で最高だったらしいんだよな。そっか、難しいか……」

山梨さんも帰国子女ではないのでこれは単純な頭の差。「マジか、この人……」と改めて尊敬しつつも、「でもあなたが怒鳴らなかったらもう少し順調なんですが……」と皮肉の一言でも言いたかったが、ここはグッと呑み込んだ。

本来であればTOEFLもGMATも「最低スコア」をそれぞれ獲得しているはずの9月。しかし、まだどちらも最低スコアにすら届いていなかった。もう地道に勉強する時間なんてない。それぞれ賭けに出ることにした。

まず最もハードルの高いGMAT。これは英語表記の論理問題と数学に分かれているが、数学は日本人にとっては難しくない。ここでの難関は論理問題である。最初に受験した際はその問題文を読んでいるうちに試験時間が無くなってしまっていた。あと数カ月でこの状況が大きく改善するはずもない。そこで「正攻法」を諦めたのである。ＧＭＡＴの英語の各問題は10行程度の問題文と選択肢四つが1個のセットになっているのだが、「問題文を読むのを諦めた」のである。塾で教わった「怪しげな傾向と対策」に賭けることにした。「このような表現の選択肢は正解確率が高い」「こんな風に書かれている選択肢は大体、不正解」。極めて怪しいが、もう信じるしかない。問題を読まないで、「正解っぽい表現」の選択肢をひたすら選ぶ。この方向に大きく舵を切ったのである。

ＴＯＥＦＬに関しては、僕にとって一番の障壁はリスニング（聞き取り）。これも一向に伸びる気配が無かったが、残念ながら頼れる「傾向と対策」は存在しなかった。しかも正リスニングができなければ、ＭＢＡの試験に受かっても授業についていけない。ここは正面からぶつかっていくことにした。聞き取りの能力アップに関しては、ありとあらゆる練習方法が存在する。聞き取らなくても良いからとにかく量を聞き流せという人もいれば、同じ文章を何度も聞いて丁寧に聞き取れという人もいる。中には聞き取るだけでは意味がないので、とにかくネイティブスピーカーと話をする機会を増やせという人もいる。

このような多岐にわたる練習方法がある中、僕は塾で習った「シャドウイング」という練習方法に賭けることにした。シャドウイングとはその名の通り「影」になることである。まずは英語のスクリプトを記憶する。そして片耳でそのスピーチを英語で聞きながら、全く同じスピードで「影」のようについていきながらスピーキングをするのである。最初は政治家のスピーチなどゆっくりとしたスピーチを、慣れて来たらニュースキャスターなどの速いスピーキングを真似していく。こうすることによって、英語を「カタカナ」ではなく「音」として聞き取る力を身に付けられるのである。

僕は競馬や株などのギャンブル運は良くないが、試験や仕事の運は比較的良い方だ。今回の「賭け」も成功裏に終わった。年末のギリギリのタイミングでTOEFLは260点でGMATは670点。それぞれ少なくとも「最低スコア」を取ることができた。このスコアだとハーバード大学など一部の学校は出願できなかったが、他は何とかなるかもしれなかった。

アメリカのトップ10スクールに絞って、スタンフォード、ペンシルヴァニア（ウォートン）、MIT、コロンビア、シカゴ、ダートマス、バークレーと合計7校に出願した。ちなみに出願した時点では、第一志望はスタンフォード。ランキングもハーバードに次ぐ2位であることに加えて、温暖な西海岸にあることも魅力的だった。第二志望はＭＩＴ。これはもっとくだらない理由で、映画『グッド・ウィル・ハンティング／旅立ち』が好きだったから。そして第三志望がスタンフォードに次ぐランキング第三位のペンシルヴァニア（ウォートン）だった。

最初に書類選考に通過し、インタビューの招待を受けたのはダートマス大学だった。ダートマス大学で大学の面接官と話をするか、日本人卒業生と面接をするかのどちらかを選べる。楽なのは後者だが、挽回するなら前者。僕の場合、テストのスコアは最低スコアなので、選ぶべき選択肢は明らかだった。ちょうど祝日もあったため、僕はダートマス大学まで飛んだ。成田からボストンまでの直行便は無いので、まずは16時間かけてボストンへ。そしてそこからバスで2時間半の場所にダートマス大学はある。ダートマス大学は一言で言えば「田舎ののどかな大学」。僕が行った11月は辺り一面雪景色だった。もちろん日帰りで帰ることなど不可能。ダートマス大学の近くの宿で一泊してから面接に臨んだ。しかし上手く聞き取れず、会話が噛み合わない。こりゃ駄目かなと思っていたら、結果は「補欠」。ただ就職活動の経験もあったので「最初の面接から受かることなんてないさ」と、この時はまだ楽観的に考えていた。

その後、面接の招待を受けたのはコロンビアとシカゴ。両校とも日本人卒業生との面接しか選べなかった。「日本人卒業生との面接なのでなかなか挽回は難しいな」と思っていたら結果は予想通り。コロンビアは不合格で、シカゴはまた補欠だった。そして第一志望のスタンフォード。ここはマッキンゼーの同期が第一回の締め切りで出願し、合格を勝ち取っていたため、あっけなく書類選考で落選。当時は多様性を確保するためか、マッキンゼー日本オフィスから2人以上受け入れる学校は無かった。残るはMIT、ウォートン、バークレーの3校に絞られた。

いよいよ余裕も無くなってきた2月、突然「ノイローゼ」が再燃する。原因不明の体調不良状態が続き、鼻水が止まらないし頭も冴えない。大学受験の時の1回目、就活の時の2回目に続き、人生3回目のノイローゼだった。俺は本当に繊細な人間だな……この時は何だかおかしくもあった。

そんな中、ウォートンとバークレーから立て続けにインタビューの招待メールが届いた。しかも両方とも日本に面接責任者がわざわざアメリカから来るとのこと。このチャンスはモノにしないと！　僕はニンニク注射を注入し、栄養ドリンクを幾つも飲んでから面接に臨んだ。

彼らは日本滞在中、何人もの候補者と会う。ならば徹底的に差別化を図らなければ。僕は考えた。何が差別化になるのか。マッキンゼーという経歴はMBAでは強い。毎年、ハーバードMBA卒業生の希望進路が公表されるが、マッキンゼーは常に1位か2位。そのためアドバンテージがあることは間違いない。しかしそれだけでは十分な差別化にならない。ここで僕は芽生え始めていた起業の想いをぶつけることにした。

「今はマッキンゼーにいるが近いうちに起業する。今、考えているのはベビーシッターや家政婦の派遣業。ベビーシッターや家政婦に対するニーズは強い。そしてベビーシッターや家政婦として働きたい主婦も多い。需要も供給もあるにもかかわらず、なぜこのビジネスは広がらないのか。その理由は、知らない人を家に入れることに抵抗があるから。これを打破する一つの鍵として、まずは『信頼できる企業が運営している』ことが挙げられる。例えば『家庭教師のトライ』は家庭教師市場では1位だが、彼らはテレビCMも積極的に投下し、それによって信頼を築き上げてきた。どうすればベビーシッターや家政婦業界でこのような信頼を勝ち取っていけるか。この道筋をMBA生活の中で考えていきたい」

志望理由としてはあまりにも具体的すぎるかもしれないが、だからこそ差別化ができる。俺は口だけじゃない、真剣に起業を考えている。このビジョンを熱く語り続けたのである。英語の面接も少しは慣れたせいか、会話が噛み合わないこともなかった。

そして3月。結果はまだ出ていなかったが、手応えはあった。僕は会社のアソシエイト研修に参加するためオランダへ向かった。マッキンゼーの研修は職位が上がるたびに1回開催される。支社別に開催するのではなく、世界中の支社から招集されるのが特徴である。今回、参加者の中で日本人は僕だけだった。参加者の多くはヨーロッパかアメリカのオフィスから来ていたため、僕は英語についていくので精一杯。「MBAに行ったらこんな日が毎日続くのか……」、若干、憂鬱になったが、まだ受かっていない。杞憂にならないよう受かってから悩むことにした。

そして研修が終わってから1週間、有給休暇を取ることにした。当時の彼女とパリのホテルで待ち合わせ。僕にとっては初めてのパリだった。それまで僕はMBAの準備、彼女は一級建築士の試験準備で週末もあまり会えなかった。そのため、この時ばかりはMBAのことを忘れて、観光や買い物を満喫した。そしてシャンゼリゼ通りを彼女と歩いている時、知らない電話番号から電話が掛かってきた。

「ハロー」

電話の主はバークレーの面接官。僕は心臓がバクバクするのを感じながら、英語の聞き取りに集中した。

「おめでとう、あなたは合格しました！」

「サンキュー！」

僕は通行人が振り返るくらい、大きな声で答えた。約1年間、バッグの中に参考書を入れて、時間が空けば参考書を開く毎日だった。また、彼女は先に一級建築士の試験に受かっていたので、プレッシャーも大きかった。そんな日々もついに終わったのだ。そしてその電話の直後、僕は彼女との約束を思い出した。それは「MBAに受かったら、結婚して一緒にアメリカに行く」こと。シャンゼリゼ通りのお洒落な店に囲まれながら、僕はその場でプロポーズし、アメリカ行きを約束しあったのである。

帰国するとウォートンからも合格通知が届いていた。「やっぱり熱意を伝えるものだなぁ……」、僕は改めて思った。なお、この後MITからもインタビューの招待が来たのでまた16時間かけてボストンまで行ったが、結果は結局、補欠だった。

ウォートンに行くか、それともバークレーに行くか。ランキング、日本で言えば偏差値的にはウォートンの方が良いことは間違いない。また「吹っ切れて帰国した」先輩2人ともウォートンを卒業していたので、あそこに行けば自分も変われるかも、という期待もあった。しかしウォートンの合格者同士の飲み会に参加した時、何とも言えない違和感があった。日本人合格者の数が多すぎることに加えて、いわゆる「普通のエリートサラリーマン」が多い。そのため、自分の「価値観」が揺さぶられる気がしなかった。

一方でバークレー。合格者の飲み会にも行ったが、参加者は僕を入れてたったの3人。しかも2人とも何だか変わった奴らだった。カリフォルニア大学バークレー校はソフトバンク社長の孫正義氏も通った、いわば「変人の学校」。バークレーに通えば様々な価値観に触れて、自分ももっと面白い人間になれるかも。そんな期待があった。また西海岸というオープンな環境も「吹っ切れる」上では最高。そんな考えのもと、僕はバークレーを選んだのである。マッキンゼーの数人のパートナーからはこの選択に反対された。「ウォートンの方が勉強には最適」「ランキングの良い学校に行った方が良い」、そんなことを言われた。しかし山梨さん、金田さんに相談すると、2人とも口を揃えて「バークレー」。そのため、僕の決意は変わることはなかった。

なお、この決断から約2カ月後、僕は無事、マネージャーに昇進することもできた。MBA、マネージャー、更には結婚。過酷な日々ではあったものの、最終的には最も充実した4年目となった。話を聞くと、**26歳でのマネージャー昇進は日本支社では初めてのことらしい。「マッキンゼー日本オフィスの史上最年少マネージャー」**という肩書を持って、僕は2007年7月、日本を発ったのである。

経営コンサルタントにとってのMBAの価値

2007年夏、僕のMBA生活はカリフォルニア州バークレーで始まった。バークレーはアメリカにしては珍しく、BARTと言われる地下鉄の駅が中心となって形成されている町。駅の周辺にはたくさんの店が並んでいて、いかにも日本的な街並みになっている。徒歩圏内に色々なお店があるため、日本ではあまり車を運転していなかった僕にとっては、最高に住みやすい町だった。車で西に30分走れば世界都市のサンフランシスコ。北に1時間走ればたくさんのワイナリーが連なるナパバレー。南に1時間下れば起業の聖地シリコンバレー。ロケーションも抜群だった。カラッと晴れる夏、比較的温暖な冬。毎週開催されるファーマーズ・マーケットには、安くて美味しい野菜が並んでいた。治安が悪いのが玉にきずではあったが、それ以外には最高に住みやすい町だった（写真４）。

肝心のＭＢＡの方は非常にのんびりとしていた。バークレーは１学年２４０人の小さな学校。環境のせいか、学生も穏やかな人間が多かった。そしてＭＢＡと言えば、ハーバードに代表されるように「毎日勉強をして、生徒間で成績を競う」印象を持たれがちだが、バークレーは真逆。成績を気にする奴なんて格好悪い。これが基本的な価値観だった。学生同士でよく飲みに行ってはバカ話をした。一緒にバスケをしたり、サーフィンにも行ったりした。これはこれで最高に楽しい２年間

写真４●最高に住みやすかったバークレー

だったが、**では真面目に「MBAに行く価値はあるのか?」と問われれば、僕の答えはNOだ。**

その理由はやはり費用対効果の低さにある。アメリカの場合、MBAの学費はどこも年間500万円前後。日本なら医学部に通えるくらいの授業料だ。授業は週に約10コマ、年間約25週間なので、1コマの参加費用は約2万円。ちなみに1クラス60人なので、その授業に対して学生が払っている費用総額は120万円にもなる。しかし、この費用に見合うクオリティの授業はほぼ皆無だった。本を読めば書いてあることばかりで、少なくとも僕は尊敬するような先生には出会わなかった。卒業後1年経った時に色々な授業を思い返したが、本当に役に立っているのは「ネゴシエーション(交渉)」の授業のみ。他は正直、全く役に立っていない。これはUCバークレーに限らず、他のトップスクールでも同様ではないだろうか。

ではなぜ、皆がMBAに行きたがるのか。それは単純に「履歴書に書けるから」である。たとえMBAに1000万円を投じたとしても、卒業後の年収が現年収よりも200万円アップすれば5年でその投資は回収できる。そんな「キャリアアップ」を求めて、皆、MBAに来ているのである。また海外の学生、特にアジアや南米からの留学生の場合、MB

注2 Optional Practical Training:MBAに限らずアメリカの大学院を卒業すれば、基本的には1年間、本ビザのもと、アメリカで働くことができる。雇用主は何も申請しなくて良い。

Aを卒業したら1年間は誰でも「OPTビザ」[2]でアメリカで働けるし、そこで成果が認められれば「H1ビザ」[3]で、アメリカの一流企業で長年働くこともできる。このリターンがあるため、授業の質が低かろうと皆こぞってMBAに留学するのである。

それでは**MBAに行ったことを後悔しているかと言えば、これも答えはNOである。**僕はMBAに留学して本当に良かったと思っている。それは僕にとってアメリカでの空き時間が非常に貴重な価値だったから、である。それは単に「のんびりできたから」ということではない。僕はこのMBA期間中、色々なことにチャレンジすることができたのである。例えばMBAに入学してから数カ月後、あのモバゲータウンで有名なディー・エヌ・エー社がアメリカ支社を設立すると聞いたので、すぐに担当者に連絡し、それからずっとインターンとして働いた。僕はMBAに来るまではITが大嫌いで、「自分は小売・消費財の世界で生きていくからいいや」なんて思っていた。そんな食わず嫌いを克服させてくれたのが、この経験だった。

またアメリカの会社でもたくさん働いた。夏休みを使って、モントレーにある投資ファンドでは3週間、住み込みで働いた。世界一のゴルフコースとして名高いペブル

注3　専門職ビザと呼ばれ、短期間、アメリカで専門職に就くために年間発給枠の範囲内で発給される。専門職の中には法律や医学だけでなく管理職や役員も含まれる。個人ではなく雇用主が申請しなければならないため、留学生は本ビザを申請してくれる会社（ビザスポンサー）を探さなければならない。

ビーチも近く、同じ西海岸でもバークレーとは全く異なる環境だった。また短期間ではあるが、カスタム・ジーンズのイーコマース企業や不動産投資企業などのベンチャー企業でも働き、アメリカのベンチャー企業の中身を垣間見ることができたのは収穫だった。

更に前々から「いつかは純文学も書いてみたい」という夢があったので、何とか書き上げて、文學界新人賞に応募することもできた。結果はあえなく落選。しかし一度は書いてみたいと悶々としていた気持ちを晴らすことができたのは収穫だったし、この経験があったからこそ、今、僕はこうして新たに筆を執っているのだと思う。

そして最初の起業をアメリカですることになったのも「空き時間」があったからである。ディー・エヌ・エーで知り合った知人と共に100万円ずつ出し合って、クロアチア人のエンジニアと共にソーシャルゲームを開発。合計三つのゲームをリリースし、特に3個目のゲームは日本の有名漫画家とコラボしたこともあって、数十万人の会員を集めることができた。しかしながらメンテナンス費用、機能追加費用、サーバー費用などを捻出できなかったため、やむなく本サービスは日本のベンチャー企業に売却。それでも起業の面白さと難しさを同時に経験できたことは、非常に大きな価値だった。

更に何より僕にとって大きな価値だったのが、夏休みに一時帰国して働かせてもらったユニゾン・キャピタルでのインターンシップである。MBAに行く前からプライベート・エクイティ・ファンドには多大な興味を持っていた。特にその中でも小森哲郎さんや木曽健一さん、それ以外にもマッキンゼー出身者が何人も所属するユニゾン・キャピタルには特に強い関心を持っていた。

しかしプライベート・エクイティの場合、その秘匿性の高さから一般的にはインターンを採用していない。それでもどうしてもやってみたかったので、僕はバークレーに入学してすぐ、ユニゾン・キャピタルに直訴し続けた。「何でもやるのでインターンとして採用して欲しい」。そんな粘り強さが奏功し、彼らの投資先である回転寿司チェーン「あきんどスシロー」の経営改革をサポートさせてもらえることになった。

後に専務となる加藤智治さんの横に机を置かせてもらい、彼のサポート役として働いた。最初は分析や社員教育のお手伝いなど、その後は徐々に業務範囲や責任を拡大させてもらい、役員会でも話をさせていただいた。あきんどスシローの本社は大阪府吹田市の江坂にある。会社から歩いて10分のところにウィークリー・マンションを借り、毎日、会社まで歩いて通っていた。あきんどスシローの社員の皆さんも良い人ばかりで、一緒に飲みに行ったりカラオケに行ったり、本当に仲良くさせていただいた。

あっという間に終わった10週間だったが、特に記憶に残っているのがマクドナルドに端を発する「店長の残業代未払い問題」だ。残業代を支払うかどうかはさて置いて、まずは店長の残業時間を短くしていく必要がある。そのための業務効率化や制度設計を実行していくプロジェクトの支援を任されたのだった。仕事のパートナーは人事の責任者。彼とまずは残業実態の現状を分析し、その実効策を考え、その策を実行に移す一連の流れを支援していった。

その支援も一段落したインターン最終日、加藤さんからこんなメールが届いた。

「田中さんへ、10週間、お疲れさまでした。インターンはどうでしたか？　残業時間は減らせましたか？　最後に田中さんにアドバイスをすると、田中さんはもっと**『現場を見て、現場で実行する』**ことに時間を使った方が良いと思います。現場の問題が解決されなければ何も変わりません。現場で問題解決をしていれば、残業時間問題はもっと前進していたはずです。**田中さんも経営者を目指すのであれば、ぜひこの『現場主義』を忘れないで下さい。**」

このメールをもらった時の率直な気持ちは「実際には少なからず残業時間は減ったのに……」という不満だった。実際に幾つかの施策を導入した結果、残業時間は減少傾向にあった。僕はこの成果を誇らしく思っていた。褒められるならまだしも、なぜ、厳しいフィードバックを受けないといけないのか。そんな不満を胸に抱いていた。

しかし経営者になった今、このメールに不満を抱いたことを非常に恥じている。実際、ロコンドの代表取締役に就任してから1カ月も経たないうちに、たくさんの「現場発」の問題が発生した。僕はそれらの問題を一個一個つぶしていくため、現場に常駐し、何度も何度も現場で問題解決を実行していった。もしこの加藤さんのアドバイスを素直に聞き入れていれば、「現場発」の問題をもっと事前に抑制できたはずである。残業時間など、無理をすれば時間を短くすることはできる。極端な話、全店長にタイムカードを早く押すようお願いすればいい。しかしそれは何の問題も解決していない。問題を解決するためには現場を見て、現場で物事を変えていかなければならない。

このような加藤さんからの応援メッセージを素直に受け取れなかった僕は、本当に子供だった。**今は加藤さんの「現場主義」を心に刻み、現場を理解しないで判断をすることの**

ないよう、心掛けている。

このようにマッキンゼーに居続けたら絶対にできないチャレンジをたくさん経験できたこと、これが僕にとって1000万円以上の価値のあるものだったのである。MBAからマッキンゼーに戻った時、何人かのパートナーから「一皮剝けたね」と言われたが、僕を成長させてくれたのは間違いなく「MBAの空き時間」である。

留学中のマインド・サーチ

マッキンゼーがMBAに留学するコンサルタント達に期待することの一つとして、時間を掛けて「マインド・サーチ」を行うことが挙げられる。**マインド・サーチとは、この人生の中で自分が一体何を成し遂げたいのか、何が自分にとって重要な価値観なのか、など「自分」と徹底的に向かい合うこと**である。

既述のようにマッキンゼーにおいては「インパクトを与えること」がミッションとして

掲げられている。インパクトを与えるためには「インパクトを与えなければならない」という責任感は不可欠だが、それだけではどこかで疲弊する。疲弊しないでインパクトを与え続けるためには何が必要か。それは「インパクトを与えたい」という「志」である。「やらなければならない」ではなく「やりたいからやる」。これが無いと継続的にインパクトを与えることなどできるはずもない。従って、**自分の「志」が何なのかを徹底的に考えて来い**。これがマッキンゼーの求める「マインド・サーチ」なのである。

数々のインターンシップを経験しながら、僕も徹底的にマインド・サーチを続けた。妻から「何か今、考えている?」と聞かれると「人生」と答えるのが日課になっていた。経営者として主体的に世の中にインパクトを与えることが、自分にとって重要であることは変わらない。あとはこれをどんな形で実現していきたいのか、これが課題だった。

当時、経営コンサルタントの卒業後の職種として人気があったのがプライベート・エクイティ。マッキンゼーからはユニゾン・キャピタルだけでなく、KKR、ベインキャピタル、アドバンテッジパートナーズなど数多くのプライベート・エクイティに人が流れていた。プライベート・エクイティの投資家として成功すれば、高い給与をもらえるだけでなく、若いうちから投資先企業の取締役として直接的に経営に関与できる。この点は「提案したことを『実行』まで持って行きたい」と考える経営コンサルタントにとっては非常に魅力的で、僕もその例外では無かった。

そしてその興味はユニゾン・キャピタルでのインターンを通じて更に強まった。加藤さんだけでなく、僕より3、4年前に新卒入社した先輩達が1000億円超の巨額ファンドの運営者として、そして投資先企業の取締役として経営の「改革」をリードする姿には単純に憧れた。日本では未だにファンドには「ハゲタカ」のイメージが強い。また実際にそのようなハゲタカ・ファンド、つまり経営危機に陥っている企業を買収し、そこに残っている資産を安く買い上げて他に売りさばくような企業も存在する。しかし、少なくともユニゾン・キャピタルをはじめとする著名なプライベート・エクイティの実態はそのようなイメージとは大きくかけ離れている。

例えばあきんどスシローにとってユニゾン・キャピタルは「ホワイトナイト」である。あきんどスシローの創業者である清水兄弟の弟、清水豊氏が「すき家」を展開するゼンショーに持ち株を売却。その結果、筆頭株主がゼンショーに代わった。当時、ゼンショーは回転寿司売上で日本一の「かっぱ寿司」を展開するカッパ・クリエイトの大株主。「日本一のかっぱ寿司と2位のスシローをグループ内に取り込んで、回転寿司市場を独占する」狙いは明らかだった。

そんな中、スシローの独立性を守るべくスシローの増資に応じ、その後ＭＢＯ（経営陣による企業買収）の資金を提供したのがユニゾン・キャピタルである。更に加藤さんを送り込んだだけでなく、他のメンバーも取締役として参画し、直接的な経営支援を行ってきた。その結果、今や顧客満足度調査では外食部門第１位を獲得し、売上高もかっぱ寿司を抜いて日本一。もちろん、あきんどスシローをこの地位にまで押し上げたのはユニゾン・キャピタルの経営支援以外にも様々な要素はあるだろうが、少なくともいわゆる「ハゲタカ」ではないことは明白ではないだろうか。

さて、僕のマインド・サーチに話を戻すと、ユニゾン・キャピタルは投資チームと経営改革エキスパート（チーム）に分かれている。僕が興味を持っていたのは後者だった。経営のプロとして投資先に送り込まれたい。そんなことを強く願っていた。しかしながら、ＭＢＡ卒業後すぐにプロ経営者を名乗るのは現実的では無い。そのため、次善策として「投資チームとして入社させてもらい、タイミングが来たら経営改革チームに異動でもお願いしようかな」などと考えていた。頭の中には投資チームとしてユニゾン・キャピタルに参画し、途中、東ハトの社長として経営改革を成し遂げた木曽健一さんが浮かんでいた。「木曽さんの例もあるし、投資チームとして入社して、経営改革の仕事をやる可能性もゼロではないはず。ならば、投資チームでまずは投資家としての道を歩むのもアリかな。そもそも投資家としての道も面白そうだし……」。そんな考えのもと、一時はユニゾン・キャピタルへの転職を決意していた。

しかし、そんな中途半端な考えを打ち消してくれたのもユニゾン・キャピタルだった。インターンシップの最終日が近くなったある日、僕は加藤さんに相談をした。

「投資チームとしてユニゾン・キャピタルに参画したいと思っていまして……」

「そうなの？　田中さんは投資側じゃなくて、経営側に来て欲しいと思っていたんだけどなぁ。そしたら一度、小森さんの話を聞いてから最終判断をしたら？」

そう言って、食事会をセッティングしてくれた相手が、カネボウやアスキーの社長としてターンアラウンドを成功させた小森さんだったのである。

指定されたのは六本木ヒルズの最上階のレストラン。初めて行く場所で緊張しながら待っていると小森さんが颯爽と現れた。

「やぁ、田中さんかな？　小森です、よろしく。」

爽やかな笑顔で、僕に話し掛けた。

初めてお会いする小森さんはイメージ通りと言うか、本当に気さくで熱意に溢れている方だった。すぐに緊張も解けて、僕も率直に色々と相談させていただいた。近い将来、インパクトを与える主体者となりたい。そして、そのキャリアパスの一つとして小森さんや加藤さんのような経営改革エキスパート職は魅力的なオプションだと信じている。しかしながら年齢的な問題もあるため、すぐに経営改革エキスパートにはなれない。従って、まずは投資チームとしてユニゾンへの参画を考えている。こんな考えを小森さんに矢継ぎ早にぶつけていった。

「結局のところ田中さんはさ、投資と経営のどっちがしたいの？」

2人ともそれぞれお酒を3杯ぐらい飲んだところで、小森さんは僕の目を見つめながら問い掛けた。

「やはり僕の場合、経営です。」

「だったらさ、プライベート・エクイティの投資チームに行くのはお薦めできないな。」

「えっ、なぜですか？　投資チームも取締役として経営に参画していますし、投資チームから経営チームに行くのも可能だとは思うのですが……」

僕は小森さんの答えに驚きつつ、答えを待った。

「投資と経営は思考回路が全く異なるんだよね。投資は結局のところ金融ビジネスなので、いかに資本を効率的に使って利益最大化を図るか、がポイント。一方で、経営にはお金だけでなくヒトや文化の問題なども複雑に絡まってくるため、『複雑骨折の状態から筋肉質な体を作るまで』を順々に進めなければならない。緻密で長期的な思考が必要なんだよね。投資が『早く』だとすると、経営は『深く』。どちらが良いというわけではなく、スキルセットも思考アプローチも全然違うから、どっちをやりたいかを明確にするべきなんです。」

「あ、それなら僕は間違いなく『深く』が好きですし、得意だと思います。」

「じゃあ間違いなくマッキンゼーに戻って、ちゃんとマネージャーの経験を積んだ方が良いよ。僕は20年近くマッキンゼーにいたけど、**最も成長できたのはマネージャーの時**。マネージャーで習得すべき『プロジェクト・マネジメント』は単に自分の仕事をスケジュール通りに進める、ということだけではない。パートナー（上司）、チーム（部下）、クライアントの3方向を見ながら、常に最適化していかなければならない。これは経営者にとっても重要なスキルセットで、マネージャーに昇進したばかりでは習得しきれない。焦ってマッキンゼーを飛び出すよりも、絶対にマネージャーとして経験を積んだ方が良いよ。」

マッキンゼーでパートナーまで上り詰めて、かつ経営者としても成功を収めている小森さんの言葉は思いっきりズシンと来た。自分の目指す姿は何となく見えていたものの、そのためにどのような道を歩むべきかを考え抜いていないことを思い知らされた。それまで、どれだけマインド・サーチをしても最終的な答えは見えていなかった。僕はどんな道を歩むべきなのか、明確なものは見えていなかった。「ユニゾン・キャピタルの投資チームに入る」、これはマインド・サーチの検討結果ではなく、単に「面白そうだったから」の域を出ていなかった。

その後は2軒目にも誘っていただき、いつしか自らの考えの甘さを恥じる思いも薄れて楽しい時間を満喫していた。それでも翌日改めて頭の中を整理すると、自分はまだ「自分の人生に責任を負っていない」ことを反省した。時の流れに身を任せるのは一つの処世術かもしれない。また男女の関係のように企業と人間の間にも「相性」は確かに存在するため、「運命論」に身を任せるのも聞こえは悪くない。それでもそんな曖昧な考えでは「目指す姿」にはなかなか到達できないし、万が一、その流れが悪い方向へ傾いた場合、きっと僕は日本経済や運の悪さのせいにすることだろう。自分の人生である以上、人生の選択に関しては考え抜き、妥協してはならない。そんな意識を強く持つことができたのである。

最初は「憧れの小森さんとご飯を食べられる」程度のミーハーな意識で臨んだ会食だったが、振り返ればこれが僕の人生の重要な岐路の一つとも言える、非常に有意義な出会いとなったのである。

第6章 卒業

新制度「レンタル移籍」

小森さんとの出会いを経て、僕は「マッキンゼーに復帰し、マネージャーの経験を積む」ことを心に決めていた。そしてそれから数カ月後、マッキンゼーのパートナーから電話が掛かってきた。卒業まで残すところ1カ月。復帰後のプロジェクトの相談かな、と思い、僕は気楽に電話を取った。

「どうですか？　西海岸生活は？」

「ええ、最高の毎日です。やっぱり留学して本当に良かったです。」

「そうですか、それは良いですね。それで、卒業後はマッキンゼーに戻ってくる？」

「はい、一時期は正直、ユニゾン・キャピタルに転職しようと思っていましたが、小森さんなどともお話をさせていただき、マネージャーとしてもっと修業を積みたいと思っています。」

そうですか、とそのパートナーは答えてから、少し間を置いて話を続けた。

「実は田中さんもご存じの通り、リーマンショックの影響が大きくて、マッキンゼーのプロジェクト数にも影響が出てくるかもしれない。まだ日本支社では影響は見受けられないけど、今後、どうなるかわかりません。」

パートナーは重い口調で話をするので、僕ははい、とだけ答え、次の言葉を待った。

「そんな中、実はMBA留学中のコンサルタント全員にお願いしているのですが、もし卒業後、旅行でもして復帰を数カ月でもずらせるのならずらして欲しいのです。急にこんなことを言って申し訳ないのだけど……ただみんなもお金の問題もあるだろうから、卒業後にどうしてもすぐ復帰したいのならば、それは受け入れます。」

おぉ、深刻だな……心の中で呟いた。わかりました、少し考えます、とだけ答えてその電話を切った。

MBA留学中は給与もないため、既に貯金は尽きていた。また留学中は嫌というほど旅行もしたため、これ以上、旅行をするつもりもない。しかしこの話は僕にはチャンスに聞こえた。留学中、空き時間を使って色々な経験を積んだことは既に書いた。マッキンゼーで働いていては経験できないことを幾つも経験することができた。しかし何か中途半端で、やり残したことがまだたくさんあるような気もしていた。

特にその時に心に浮かんだのがディー・エヌ・エーでのインターンだった。それまでは週2、3回ぐらいしか働けなかったので、業務の中心は「データ分析」だった。データを分析し、打ち手を計画し、実際にウェブサイトに反映する。計画だけでなく実際に実行までできるため、マッキンゼーでは味わえない面白さはあった。しかし、業務の難易度で言えばマッキンゼーのビジネス・アナリスト以下。せっかくならもっと色々とやりたいな、という想いはあった。

僕は考えた。マッキンゼーにはすぐに帰らなくてもいい。一方でディー・エヌ・エーはもっといて欲しいと思ってくれている。じゃあ**「半年間のレンタル移籍」**にしてしまえばいいのではないか、と。マッキンゼーとしては2、3カ月ぐらい遅らせてくれれば……という雰囲気だったが、今の状況なら押し通せる。そう思うや否や、僕はすぐにディー・エヌ・エーのアメリカ支社のトップに「半年間で辞めるかもしれないけど、フルタイムで働かせてもらえないか」と相談を持ち掛けた。見込み通り、二つ返事で了承してもらえたため、僕はすぐにパートナーに電話を掛けた。

「先日伺った件ですが、ディー・エヌ・エーのアメリカ支社で働くことにしました。期限はとりあえず年内で！」

そのパートナーは、まさか電話で話してから2、3日後にこんな話が来るとは思っていなかったらしく、明らかに動転していた。「本当に年明けにはマッキンゼーに帰ってくるんだろうな?」と念を押されたものの、話は無事、決着。他の留学中のコンサルタントは皆、短期間限定で働く口を探すこともできなければ、優雅に旅行するわけにもいかないため、卒業後すぐに復帰していた。そんな中、1人「レンタル移籍制度」を勝手に作った僕は異色の存在だった。ただこんなことも認めてくれるマッキンゼーの度量の大きさには改めて感謝の念で一杯だった。ちなみに、それからはこの「レンタル移籍制度」は徐々に公式化していき、僕はその開拓者となった。

このような経緯で、僕のレンタル移籍生活は始まった。住居もバークレーからフォスターシティに引っ越した。またその時は「半年間だけでなく、もしかしたらもっと長くなるかも……」という期待もあったため、家具や車も新調した。肩書もこれまでの「インターン」からご立派な「製品・マーケティング担当上級副社長(SVP)」。時を同じくして、ディー・エヌ・エーの本社から腕利きのエンジニアも転勤してきたため、僕はこれから始まる生活に心を弾ませていた。

最初に担当したのは当時、内製で作っていたソーシャルゲーム・プラットフォームの接続ゲームの獲得と繋ぎこみである。２００９年当時、ｉＰｈｏｎｅ（アイフォーン）は正に爆発的ヒット。このままガラケー（ガラパゴス・ケータイ＝日本の携帯電話）専用のサイトを作っていてもアメリカでは勝てない。しかし単純にモバゲータウンをアプリにしてもヒットするとも思えない。ならばモバゲータウンはウェブのままでいいので、その代わり流行っているアイフォーンゲームと接続できるようなプラットフォームを作ればいいのではないか。そんな計画のもと、始まったプロジェクトだった。ゲームの中でモバゲーのアバターが使えたり、ランキング・ボードなどもモバゲー内に設置したりすれば、ゲーム開発者は簡単にゲームの機能を増やせるし、ディー・エヌ・エーにとってはユーザー獲得に繋がる。こんなガジェット（装置）はウィン・ウィンの施策だと誰しも思っていた。

しかしそう簡単に行くはずもない。同じような競合サービスは既に浸透していて、ディー・エヌ・エーは完全な後発組だった。また他社のサービスはゲーム開発者が簡単に機能実装できる「プラグイン型」であったのに対して、ディー・エヌ・エーの当時のサービスは毎回ディー・エヌ・エーのエンジニアが実装をサポートしなければならない「都度注文型」。そのため、獲得ゲーム数を広げていくという観点でも大きく見劣りしていた。

それでもまずは足掛かりを作るという名目のもと、幾つかのゲームとの連携をしていった。

そしてそんな足掛かりができてきた頃、他社と同じく「プラグイン型」のサービスを提供すべく、プロジェクトが発足した。僕はその責任者として、アメリカ人エンジニア、インド人エンジニア、日本人エンジニアと共に開発を進めていった。後発組なので同じことをやっても勝てるはずもない。ディー・エヌ・エーの資産の一つである「アバター」を最大限活かし、コンセプトを固めていった。

それから2カ月後。そのサービスは最終形に近づいていって、クールなウェブサイトも完成間近の時だった。そこで思いもしない事態が起こったのだ。ディー・エヌ・エーが競合であるオープンフェイント社に出資することが決定されたのである。そのため、内製のプロジェクトも中止しなければならなかった。オープンフェイントはサービスの品質は低かったものの、ソーシャルゲーム・プラットフォームの世界では市場シェア1位。その判断は妥当だった。しかしながら、これまでやったものを全て捨てなければならないため、感情的にはなかなか整理ができない。エンジニアの前では「会社の判断だから許容して欲しい」と格好を付けていたものの、一番、許容できていなかったのは僕だった。

結局、ディー・エヌ・エーはオープンフェイントに出資はしたものの、最終的な買収には踏み切らなかった。代わりにこの市場で2位であるエヌジーモコ社を買収した。買収総額は当時の為替で255億円＋業績連動型の85億円。最大、340億円にもなる大型買収は日本でも大きなニュースとなった。そしてディー・エヌ・エーが買収まで踏み込まなかったオープンフェイントは、ディー・エヌ・エーの競合であるグリーが買収することとなる。結果的に、世界のソーシャルゲーム・プラットフォーム市場の1位、2位のサービスは、日本で熾烈な競争をするディー・エヌ・エーとグリーの手中に収まったのである。

これら一連のニュースは日本では好意的に報道されたが、僕はこの見立てには反対である。これは感情的な反論ではない。この市場自体がそこまで魅力的なものにはならないと思っているのである。

お金が落ちるのはあくまで「ゲーム」。ゲームに勝つため、ゲーム内の特別アイテムを得るため、ユーザーは多額のお金を払う。そしてこのお金を発行しているのはアップル社。アップルに3割の手数料を払い、7割がゲーム開発者の手許に入る。お金の発行者とゲーム開発者、この2人にしかお金は落ちないのである。またオープンフェイントの会員数はグリーの3倍以上なんて報道されているが、その多くは「ゲームをしていたら登録画面が勝手に表示されたのでとりあえず登録」したユーザーばかり。その意味でもこれらのユーザーの価値は、ディー・エヌ・エーやグリーの会員の価値を大きく下回るのである。

僕は自分で内製プロジェクトをリードしていた時から、この市場はチョコチョコと広告収入を稼げる程度にしかならない、と思っていた。実際にディー・エヌ・エーのアメリカ支社のトップにもそのことは伝えていた。それでもある程度広がってアメリカ内での認知度が上がればいい程度に考えていた。彼らがこの市場でどんなビジネスモデルを構築していくのかは見物である。しかしディー・エヌ・エーの支払額の最大340億円、グリーの85億円に対しては「ダウト」であることは変わりがない。もしこれらの投資が妥当なのであれば、日本企業に話が行く前にシリコンバレーの企業にとっくに買収されていたはずである。

さて僕の話に戻すと、プラットフォームの開発は頓挫したものの、並行してモバゲー上でのゲームやアイフォーン向けゲームの開発も行っていた。しかしこれらゲームの開発に関しては、自己評価100点満点中30点、僕は全く成果を残せなかった。これは完全に僕がゲーム開発のプロジェクト・マネージャーとして未熟だったことに尽きる。

でき上がったゲームはどれも中途半端な品質だった。当時は遷移図と仕様書を渡せば、後はエンジニアが作ってくれるさ、とほぼエンジニア任せにしていた。その結果、確かに遷移図と仕様書の内容は満たしているものの、細かいところでのこだわりがなく、極めて「チープ」な作品に仕上がった。ロコンドを始めてから改めて痛感したが、遷移図と仕様書があれば完璧なものができ上がる、なんてことはあり得ないのだ。

密にエンジニアとコミュニケーションし、その対話の中で一緒になって作品を仕上げていく。このような体制が、完璧なサービスを構築する上では必要なのだが、僕はプラットフォームの開発に夢中になってしまい、これらの体制を築けなかった。開発したゲームの中には、サンリオのアメリカ支社とコラボして開発したようなものもあったが、「キティちゃんのゲームならヒットするのではないか」という甘い考えがあったことも否めない。キティちゃんが動いても、ゲームがつまらなければヒットするはずもない。そんな簡単なことすら、当時の僕はわかっていなかったのである。

そんなこんなで一時は「このままずっとディー・エヌ・エーのアメリカ支社にいてもいいかな」なんて思っていたが、オープンフェイントへの出資やCrush or Flushという米国の携帯コミュニティサイトの買収が契機となって、アメリカ支社での僕の業務範囲は縮小していった。日本のディー・エヌ・エーで働かないかという話もいただいた。しかし、初志貫徹でマッキンゼーのマネージャーとして修業をしようと思い、満身創痍で、僕は半年遅れでマッキンゼーに復帰したのである。

マネージャーとしての新たな壁

2010年1月、僕のマッキンゼー生活が再び始まった。僕が抜けていたこの2年半、幾つかの方針が変わっていた。特に複数のパートナーから言われたのは「グローバルに蓄積されている知見や知識を積極的にレバレッジ（活用）するように」ということ。これまでは参考程度に東京支社以外のエキスパート（専門家）の話を聞く程度だった。そうではなくて、プロジェクトの提供価値の主軸をこの「グローバル・レバレッジ」にする、という話だった。

なぜ、このような方針変更があったのか。考えてみると理由は簡単で、一つにはプロジェクトのグローバル化がある。加えて、個人の問題解決能力に依存していてはプロジェクトの成果にバラツキが出ることや、従来のアプローチでは「短期決戦型」プロジェクトに対応できないことがあった。短期決戦型プロジェクトとは主にプライベート・エクイティなどの投資会社から「1カ月間でこの企業を買収するべきかどうか判断をしてくれ」と言われるもの。データをガサッと集めてそれらに基づいて提案をしなければならないため、そのデータをいかに効率的に集められるかが、プロジェクトの成否を握っていた。

「会社の方向性としては正しいけど、何だか面白くなさそうだな」。これが方針変更を聞いた時の率直な感想だった。しかし今の自分はそんなに偉そうなことを言える立場でもない。2年半のブランクもあるため、まずは目の前のことに集中することにした。

復帰前、何人かの小売・消費財担当のパートナーと話をしたが、タイミング的に僕が入れるものは無さそうだった。しかし働かざるもの食うべからず。仕方ないので、畑違いではあったが自動車プロジェクトに入ることにした。「プロジェクト内容はシンプルだからリハビリの気持ちで」。そんな担当パートナーの一言で入ったが、この3カ月は最悪そのものだった。その理由は畑違いだったからではない。プロジェクトのアプローチが今まで慣れ親しんだものとは違うのだ。この3カ月間、良くも悪くも「イシュー」という言葉は一度も出ることはなかった。そこはクライアントが求めるデータをどこまでマッキンゼーが提供できるかの勝負だった。「これが新しいマッキンゼーか……」、そんな戸惑いの中もがいていたが、何だか体が上手く回らない。クライアントとのプレゼンテーションではずっと緊張しきりで、もうくやしくて堪らなかった。

4月になって待ちに待った食品関連のプロジェクトが始まった。お題は営業改革。チームも東京チームと愛知チームに分かれて、僕は愛知を取り仕切ることになった。日曜日の夜に愛知へ向かい、金曜日の夜に東京に帰ってくる生活。自動車と違って食品の場合は日本の独自性も大きいため、グローバルに蓄積されている知識や知見はほぼ使えない。問題解決能力で戦うしかない。「これからバリバリやったるぜ！」、そんな意気込みで愛知へ向かった。

しかしこの3カ月間もまたドツボにハマってしまった。この後、プロジェクト自体は継続することとなったため、クライアントはそれなりに満足していたはず。しかし一言で言えば、**僕のマネージャーとしての資質が問われたプロジェクトだった**。マネージャーたるもの、クライアントが満足すれば良いというものではない。チームメンバーとも信頼関係を構築し、彼らのモチベーションを高めつつ、成長機会も与えていかなければならない。

しかし僕はそんな配慮ができていなかった。特に東京チームのメンバーとは大喧嘩することもあり、チーム全体の雰囲気は良くなかった。

復帰後1個目と2個目のプロジェクトがこの調子だったので、6月のSARの評価には大して期待もしていなかった。しかしこの時の評価は想定以上に悪く、これまでで最悪の評価となった。「これは本腰を入れて抜本的に改善しないと……」。僕は東京行きの最終新幹線に乗る前、名古屋の本屋で「良いマネージャーになるためには？」のような本を10冊以上、買い込んだ。

人間関係で言えば、ビジネス・アナリスト出身のいわゆる新卒上がりのメンバーとの関係はまだ良かった。同じ価値観が叩き込まれているし、入社年度は僕よりも後なので、明確な先輩・後輩関係があったからだ。しかし中途入社組をチームメンバーに持つとなかなか難しい。彼らは前職の経験の方が長いため、価値観もスキルもまだ「前職仕様」であることが多い。更に当時の僕は29歳だったが、中途入社組と言えば30歳以上が多い。そして彼らは前職で高い評価を得ているため自信もある。そんな彼らの強みを活かしつつもマネージャーとして「マネジメント」もしなければならない。これが僕を大いに悩ませていた。

その週末、最初は有名企業の社長が書いた本から読み始めた。そこには課長としての心構えが書いてあったが、何か違った。正しいことは書いてあるのだが、僕の今の悩みを解決してくれるヒントはそこには書いていなかった。

次に有名学者のリーダーシップ論を読んだ。しかしこれも違う。そこにはリーダーとしてのあるべき姿が描かれていたが、僕が今知りたいのはあるべきリーダーの姿ではなかった。なぜ、僕はチームを上手くマネジメントできないのか、どうすればもっと上手くなれるのかを知りたかった。

他にも何冊か読んだが、どれも違った。どうすれば僕はマネージャーとしてもっと成長できるのか、ヒントが摑めないまま一日が過ぎた。「もういいかも……」、そんな想いもよぎった。確かにパートナーの中にはチームの士気を上げて一つにまとめるのが上手い人もいる。しかしそうでない人もいる。そんな人達はチーム・マネジメントではない他の要素、例えば洞察力の深さや知識の豊富さで価値を出していた。別にチーム・マネジメントができなくたってバリューを出すことはできるし、クライアントにインパクトを与えることもできるはず。現に今のクライアントだって満足しているじゃないか。そんな考えも脳裏に浮かんだ。

しかしここでまた小森さんの言葉が思い返された。**「マッキンゼーのマネージャー時代が一番、経営者としての修業になった」**。そうだ、僕はマッキンゼーで昇進するために復帰したのではない。経営者としての修業を積むために戻ってきたんだ。チーム・マネジメントをできない経営者は失格だ。僕は気を取り直して、まだ手を付けていない本に手を伸ばした。

そんな中に一冊、素晴らしい本との出会いがあった。その本の題名は『リーダーはじめてものがたり』（播摩早苗著、幻冬舎）。失礼ながら播摩さんのことはそれまで知らなかったし、「アナウンサーを経て独立」という経歴も僕には魅力的に映らなかった。「ビジネスの世界で実際にマネジメントを経験した人の本でないと、意味がないのではないか……」。そんな考えから、購入はしたものの最後まで手を付けていなかった。

この本では「キー坊」と「おっさん」の対話を軸に、「キー坊」のリーダーとしての成長が物語形式で描かれていた。初めてチームリーダーという役職に就くも、チームを上手くまとめられずに葛藤。正に僕と同じ状況だった。

そして読み進めると、そこにはたくさんのヒントが書かれていた。**一番の学びは「チームメンバーを『承認』すること」**。単に褒めるのではない。最初は声を掛けることから始めて、「存在を承認」すること。そしてリーダーだからといって肩肘張らず、質問や相談をすること。これらも全て「承認」に繋がって最終的な信頼関係となるのである。

これらは全て僕にとって耳の痛い話ばかりだった。僕は苦手なチームメンバーに対してはどうしても距離を置いてしまう。また相談をするのはいつもパートナーなど上司ばかりで、チームメンバーに対してちゃんと質問や相談をしたことは無かった。「チームメンバーのために自分がいる」。そんなことは考えたことも無かった。

早速、実行に移してみた。どうでもいいことでも話し掛けてみる。意見をするのではなくまずは聞いてみる。そんなことを少しずつやってみると、何だかチームメンバーとの距離が近くなってきた気がした。それまでは仕事の件でしか話し掛けて来なかったチームメンバーが、くだらないことでも僕に話し掛けてくれるようになった。6月末で一旦、このチームは解散となったが、最終日にはそれなりの関係を築くことができた。

既述のように、このクライアントとのプロジェクトは7月以降も続いた。チーム体制は変わったものの、僕ともう1人のチームメンバーは続投。チームは関東チームと関西チームに分かれて、僕は関東チームを担当することとなった。この時もチームは新卒入社組と中途入社組の混合チーム。それでもこの時は6月末で終わったプロジェクトの時よりも上手く「マネジメント」できている実感があった。クライアントの責任者にあたる人から直接、相談される立場になっていたし、関東チームだけでなく関西チームのメンバーからも「田中さん、ちょっといいですか？　今あるデータはこれなんですけど、クライアントにはどんな提案をすればいいですか？」などと相談されるようになっていた。仕事だけでなく進路に関しても相談を受けることもあり、**僕はやっとマネージャーとしての大きな壁を乗り越えることができた実感があった**。

10月からは今度は大阪の食品メーカーのプロジェクトに携わった。お題は、中長期戦略の立案支援。そして今度のチームメンバーは全員、中途入社組。個性の強いメンバーが集まっていたこともあって、最初はその体制構築に手間取った。しかし前の失敗からの学びが奏功し、3カ月間という短い期間の中でそれなりにまとめ上げられたと自負している。時には「NO」と言ってクライアントと長い議論になることもあったが、それでも強い信頼関係を構築することができた。長期ビジョンをまとめ上げる支援ができたのは、クライアントにとっても大きな価値を提供できたと思っている。

卒業

7月以降は我ながら上手く軌道修正できたと感じていた。しかし10月からのプロジェクトが純粋な戦略系だったためか、僕の「実行したい」欲は毎日ウズウズしていた。プロジェクト期間中、何度も「このアイデアは絶対に『筋がいい』から、試験的にやってみればいいのに……」と思う局面があった。それでもマッキンゼーが本プロジェクトで求められているのは具体的な実行支援ではない。戦略立案をサポートすること。知的な面白さはあったものの、MBA留学前の時のようなワクワク感は大きくなかった。

しかしそれまでにヘッドハンターから紹介された案件はどれも面白そうではなかった。「小さな会社でもいいから経営者になって実行の主体者となりたい」。これが僕の一番の願いだったが、30歳になったばかりのコンサルタント上がりに経営者を任せる案件は見つかっていなかった。

またタイミング的にも今が辞める時期とは思えなかった。MBA卒業後、2年以内に辞めた場合は留学費用をマッキンゼーに返済しなければならない。まだこの時は1年間しか経っていなかった。経済的にも世界ではリーマンショックに続きユーロ危機が叫ばれるようになっていたし、日本は円高の一途をたどっていた。更に4カ月後には初めての子供が生まれることにもなっていた。「せめてあと1年は辛抱するべきではないか……」、大阪のホテルの近くのワインバーで1人飲みながら、今後の人生を考えていた。

「2年間はマッキンゼーでマネージャーとしての修業をする」。この考えは年末のSAR評価によって大きく崩された。この年の後半のプロジェクトではクライアントに対してバリューを提供してきたし、チームをマネジメントするスキルも身に付けた。特に最後のプロジェクトに関しては、今のマッキンゼーで僕以上に「長期戦略」をクライアントと上手く立案・設計できるマネージャーがいるとも思えなかった。それでも前半戦には失敗したこともあったし、総合すれば平均点ぐらいかな、というのが厳しめに見た自己評価だった。

しかし結果は前半戦のまま変わっていなかった。正直、不可思議だった。何人かのパートナーに話を聞いても、「いや、田中さんの後半の評価は良かったんだけど……」と言葉を濁すばかり。それでもよくよく話を聞いてみると、**どうやら僕のスタイルが今のマッキンゼーにフィットしていないことが一番の原因だった。**マッキンゼーに蓄積されている知見やデータを活かしきれていない。プラクティス（産業別グループ）活動に対する貢献が少ない。従って「今のマッキンゼーのマネージャーとしては不適任」ということだった。

確かに言われてみれば、僕は社内の知見を活かしていないし、社内のプラクティス活動への貢献も少ない。この判断はよくわかる。ただ僕はこれを機に改めて考えた。「社内の知見を活かしたりプラクティス活動に貢献したりすることを、僕は今後1年間頑張りぬいてやっていかなければならないのか」と。冒頭にも書いたように、この方針は会社としては正しい。理解できるし、異議を唱えるつもりは毛頭ない。しかしこれは完全な僕のわがままの世界だが、そんなスキルを身に付けても経営者にとっては意味が無いように思えた。「あぁ、ここがコンサルタントとして食べていくか、経営者として食べていくかの分かれ道だな……」。厳しい評価をもらったその夜、僕は焼酎を飲みながら考えた。

コンサルタントとして生きたいか、経営者として生きたいか。僕にとってはこの答えは明確で、間違いなく経営者である。僕はたとえプロ野球の超一流選手並みの給与をもらえるとしても、参謀として一生を終えたくない。**実行の主体者となりたい**。そう考えると、30歳という脂の乗っている期間を「経営者スキルとは無関係なこと」に使うのはもったいないないように思えた。そしてこの評価は「今こそが卒業する時」と僕の背中を押してくれているような気がした。

翌日、僕はマッキンゼーに辞める旨を伝えた。次の職場は全く決まっていなかったが、何とかなるさ。そんな勢いで２０１０年12月、僕はついに卒業の決意をしたのである。

＊＊＊＊＊

こうして僕のマッキンゼー生活は幕を閉じた。辞意を伝えた１週間後、僕はひょんなことからドイツのベンチャーキャピタル「ロケット・インターネット」を通じ、ＢＣＧ（ボストン・コンサルティング・グループ）出身の秋里と出会う。そして秋里がロケット・インターネットと共にロコンドを始めてから2カ月後、僕もロコンドの創業に参画し、２人の共同代表制が始まったのである。

ロコンドの送料無料・返品無料のビジネスモデルは、現在も着実にお客様の支持を増やしている。有名ブランドの数も増えて、利益率も改善しつつある。しかしまだ課題は山積み。もっと品揃えを強化しなければならない。ウェブサイトも安定的にしなければなら

写真5●ロコンドの社員たちと（中央手前が筆者、その後ろはテレビCMにも出演いただいた俳優の近藤正臣さん）

い。お客様の認知度もまだ低いし、顧客満足度でも日本一を目指したい。

ロコンドには毎日お客様からの感謝のメールやお便りが寄せられる。ある時は「返品無料だから気軽に買えます！」、ある時は「翌日に届くから便利！」、またある時はコンシェルジュの対応に対して「〇〇さんに色々と教えてもらったお陰で楽しくお買い物ができました！」とお褒めの言葉を頂戴する。またある時には、結婚式用の靴をお探しになっていたお客様に対して、コンシェルジュが靴と共にお祝いのお花を入れたところ、大変喜んでいただいた。

こんなお客様の期待を裏切ってはならないし、明日はより多くのお客様に喜んでいただきたい。その責任を胸に、これからもインパクトを追求していきたい（前ページ写真5）。

おわりに

マッキンゼーを卒業し、ロコンドの創業に参画してからはや1年半が過ぎた。2年目になると経営も落ち着き、経営数値も順調に伸びてきたが、創業1年目は正にジェットコースターのような日々だった。僕が参画したのは株式会社ジェイドが創業されてから2カ月後、そして代表という立場に正式に就いたのはその更に1カ月後のことだったが、このたった3カ月の間にもジェイドは無茶な積極投資を進めていた。サービスを本格開始する前から100人近い人間を採用し、立派なオフィスを借りて、在庫もどんどん積み増していった。当時の100％株主であるロケット・インターネットの強い意向を受けてのことだったが、僕自身、この方向性に疑問を感じつつもそれを止めることはできなかった。そしてその意味では、あの東日本大震災を機にこの積極投資に強制的にブレーキをかけることができたのは、僕らにとって良かったのかもしれない。もちろん忌まわしき災難であることには間違いないが、あのまま突き進んでいたら僕らは軌道修正するオプションも無く、そのまま奈落の底に落ちていただろう。

しかしそれからは本当に大変な日々だった。僕はあらゆる厳しい交渉に積極的に出向き、半ば強引にブレーキを掛けていった。組織や財務戦略の再構築もしなければならなかったし、新規ブランド開拓や新たな収益源の構築などのアクセルも踏んでいかなければならなかった。それはまるで嵐のなか舵を取るような日々で、本当にこの船が正しい方向に行っているのかも確信しきれないまま、とにかく船が沈まないように必死だった。

もちろんこんなことを「船長未経験者」の僕1人でできるはずもない。「チーム・ロコンド」の一致団結が無ければ実現不可能だったし、僕個人に関して言えばマッキンゼー卒業者の多大な支援に助けられた。組織や財務戦略の再構築もそうだし、有名ブランドの販売権の獲得に関してもマッキンゼー卒業者のいわば「インパクト同志」達が僕を助けてくれた。こんな経験こそが僕に「仲間の存在が無ければインパクトは創り出せない」と考えさせ、そして「インパクト志向の仲間達を1人でも多く作りたい」と思わせるに至ったのである。

今の日本は江戸時代の末期と同じである。黒船はどんどん襲来してきているし、幕府の支配体制も崩壊しつつある。こんな時、戦国時代のようにこの狭い日本の中で小さな争いを繰り返し、足を引っ張り合うのは愚の骨頂である。一人一人が変革の旗手となってインパクトを実現していかなければならない。もちろん僕自身もまだまだ世にインパクトを与えられていないため、これからもますます邁進していかなければならない。そんな僕の想いと志が少しでもこの本で共有できれば幸いである。

最後に、なかなか執筆の時間が取れず、締め切りを全く守れなかったにもかかわらず辛抱強く支援し続けてくれた東洋経済新報社の清末真司さん、子供の頃から僕に様々なチャレンジの機会を与えてくれた両親、そして土日が常に執筆と仕事で埋まっていた僕を常に支えてくれた妻と娘に感謝の意を表しつつ、ここで筆を置きたい。

著者紹介

2003年一橋大学経済学部卒業後，マッキンゼー・アンド・カンパニー・インク・ジャパンに入社．2007年26歳で同社史上最年少マネージャーに就任．2009年カリフォルニア大学バークレー校経営大学院でMBA取得後，米国において起業し事業売却．同年モバゲータウンを運営するディー・エヌ・エー アメリカ支社においてマーケティング・製品担当上級副社長を歴任後，2011年1月株式会社ジェイド（靴の通販サイト ロコンド）の創業に参画．同年2月代表取締役に就任．1年間で22億円の資本を集め，同年9月には訪問者数日本第3位のECサイトに成長させる．現在，プレジデント・オンラインで連載中．
Twitter: @Yusuke_Tanaka

なぜマッキンゼーの人は年俸1億円でも辞めるのか？

2012年6月28日 発行

著　者　田《た》中《なか》 裕《ゆう》輔《すけ》
発行者　柴生田晴四
〒103-8345
発行所　東京都中央区日本橋本石町1-2-1　東洋経済新報社
電話　東洋経済コールセンター03(5605)7021
印刷・製本　東港出版印刷

Printed in Japan　ISBN 978-4-492-50235-8　http://www.toyokeizai.net/